Iris Enchelmaier

Abschied vom Kinderwunsch

Iris Enchelmaier

Abschied vom Kinderwunsch

Ein Ratgeber für Frauen, die ungewollt kinderlos geblieben sind

Kreuz

Reich ist der Mensch, der mehr Träume hat,
als die Realität zerschlagen kann

für

Alina, Jakob und Simon

Inhalt

Vorwort

Selten machen sich Paare zu Beginn des Kinderwunsches Gedanken, wie sie ihren gemeinsamen Lebensweg gestalten, wenn kein Kind kommt. Warum auch? Sich fortzupflanzen ist der natürliche Verlauf des Lebens und scheinbar die einfachste und normalste Sache der Welt. Sollte es dennoch Probleme geben, bedeutet das noch lange nicht das Aus, denn die Fortpflanzungsmedizin verspricht Hoffnung.

Doch was, wenn sich der ersehnte Nachwuchs nicht einstellt? Dann heißt es Abschied nehmen von einem Herzenswunsch und das Leben neu entwerfen – für viele ein schmerzlicher Prozess. Nahezu alle Lebensbereiche sind davon betroffen. Nicht ein Vorhaben wird zerschlagen, sondern eine ganze Lebensperspektive. Unterstützung in dieser schwierigen Lebenssituation gibt es kaum. Aus falscher Rücksichtnahme und Unsicherheit meiden viele Freunde und Angehörige das Thema. Kinderlose Paare erzeugen nicht selten peinliches Schweigen. Mutterfreuden und Muttersorgen – ob groß oder klein – sind gesellschaftsfähiger.

Auch ein Blick in die Buchläden macht dies deutlich: Die Regale sind voll mit Ratgebern, die Frauen und Männer auf die Geburt und ihre Rolle als Eltern vorbereiten, die Tipps geben für die Schwangerschaft oder sich den kindlichen Entwicklungsphasen widmen. Neu hinzugekommen sind zahlreiche Bücher, die ausführlich über die Möglichkeiten der modernen Reproduktionsmedizin aufklären und uns glauben machen, dass Kinderlosigkeit heute kein Schicksal mehr ist, das hingenommen werden muss. Wie Paare damit fertig werden, wenn die moderne Medizin nicht zum erhofften Wunschkind verhelfen kann, wird bis auf wenige Ausnahmen nur am

Rande abgehandelt. Die mit dem Abschied vom Kinderwunsch einhergehende Trauer und Lebensumstellung erscheinen im Zeitalter der Reproduktionsmedizin tabu.

Im Mittelpunkt dieses Ratgebers stehen Frauen, denen das Mutterglück versagt geblieben ist. Sie müssen sich der schwierigen Herausforderung stellen, den Verlust des nie geborenen Kindes zu verarbeiten, die damit verbundenen schmerzhaften Gefühle anzunehmen und zu durchleben – allein und zu zweit. Keine leichte Aufgabe. Und viele können sich nur langsam mit diesem Gedanken anfreunden. Für all jene kann dieses Buch eine erste vorsichtige Annäherung an das noch Unvorstellbare sein.

Bislang war fast ausschließlich von ungewollt kinderlosen Frauen die Rede. Der Grund: Erfahrungsgemäß greifen mehr Frauen als Männer zu Ratgeberliteratur. Was aber nicht heißen soll, dass nicht auch Männer, die keine Väter geworden sind, von diesem Buch profitieren können. Auch sie leiden unter dem Verlust. In jedem Fall aber werden Sie erfahren, welche Tragweite der unerfüllte Kinderwunsch für ihre Lebenspartnerin hat. Vor diesem Hintergrund wird vielleicht manch eine bislang nicht nachvollziehbare Reaktion verständlicher und die Unterstützung Ihrer Partnerin leichter. Angehörige, Freunde und Bekannte von kinderlosen Paaren werden nach dieser Lektüre die Gefühlswelt der Betroffenen besser verstehen, was zu einem entspannten Miteinander beitragen kann.

Mein größtes Anliegen ist es, ungewollt kinderlosen Frauen und Männern Mut zu machen, dass es gelingen kann, trotz jahrelangen Hoffens von einem Leben mit Kindern Abschied zu nehmen und sich für neue Lebensinhalte zu öffnen. Sie werden im Verlauf dieses Buches Menschen kennen lernen, die dasselbe Schicksal wie Sie durchlitten haben, die durch Verzweiflung, Schmerz und Trauer gegangen sind und sich schließlich neuen Lebensinhalten geöffnet haben. Sie werden erfahren, was Sie verlieren, aber auch, was Sie gewinnen, und dass es Freude und Glück im Leben gibt, auch wenn der Wunsch vom eigenen Kind nicht in Erfüllung gegangen ist.

Wegweiser durch die folgenden Kapitel:

Gleich zu Anfang finden Sie Anregungen, wie es gelingen kann, einen stimmigen Schlusspunkt unter den Kinderwunsch oder die reproduktionsmedizinischen Behandlungen zu setzen. Haben Sie diese Entscheidung schon getroffen, können Sie dieses Kapitel überspringen und beim Thema »Abschied und Trauer« einsteigen. Hier erfahren Sie, wie wichtig und heilsam es ist, um das nie geborene Kind zu trauern. Den unterschiedlichen von ungewollter Kinderlosigkeit betroffenen Lebensbereichen widmen sich die anschließenden Kapitel. Dabei werden einzelne Aspekte aus verschiedenen Blickwinkeln betrachtet. Insofern werden Sie dem einen oder anderen Thema immer wieder begegnen. Auch Männer kommen zu Wort, denn die Paarbeziehung ist eine sehr wichtige Ressource bei der Verarbeitung. Daher ist es hilfreich, zu verstehen, warum Männer mit dem endgültigen Abschied anders umgehen als Frauen. Am Ende des Buches finden Sie einen Serviceteil mit Adressen, die Ihnen bei Ihrem Abschied nützlich sein können, sowie eine Erläuterung der Fachbegriffe.

Zur Schreibweise sei Folgendes angemerkt: Dieses Buch richtet sich zwar in erster Linie an Frauen, um männliche Leser jedoch nicht auszugrenzen, wird zwischen der weiblichen und männlichen Form abgewechselt. Nur in den Kapiteln, die sich ausschließlich an Frauen richten, wird durchgehend die weibliche Schreibweise verwendet.

Alle Namen der Geprächspartnerinnen und Gesprächspartner wurden geändert. Der Veröffentlichung der Beiträge aus Internet-Foren haben die Verfasserinnen zugestimmt.

Wenn das Wunschkind ausbleibt

Es gibt sie, die Frauen, die sich sicher sind, dass für sie ein Leben mit Kindern nicht in Frage kommt. Sie finden ihre Erfüllung in der Partnerschaft, im Beruf, auf Reisen oder wollen sich einfach in keinerlei Weise einschränken. Doch für die große Mehrzahl gehören Kinder zum Leben wie die Helligkeit zum Tag. Ganz selbstverständlich ist Familie fester Bestandteil ihres Lebensplans. Früher oder später: Wenn der richtige Partner gefunden, die Ausbildung abgeschlossen ist, im Beruf genügend Erfahrungen gesammelt wurden. Dass dieser Plan sich nicht erfüllen könnte, ist in der Regel fern jedweder Vorstellung, und nur selten setzen sich Paare damit auseinander, wie ihr Leben aussehen könnte, wenn der Kindersegen ausbleibt. Deshalb trifft es die meisten wie ein Schlag, wenn sich das Wunschkind nicht einstellt.

Oft ist dies der Beginn einer jahrelangen Leidensgeschichte: Sex nach Kalender, Hormonbehandlungen, operative Eingriffe und schließlich künstliche Befruchtungen. Immer mehr ungewollt Kinderlose vertrauen auf ärztliche Hilfe. 1998 suchten in Deutschland rund 30 000 Paare eine Fertilitätspraxis auf, drei Jahre später waren es bereits über 46 000. Aber auch 23 Jahre nach dem ersten deutschen Retortenbaby sind künstliche Befruchtungen kein Kinderspiel – schon gar nicht für Frauen. Sie sind es, die anstrengende Therapien auf sich nehmen müssen, die einhergehen mit häufigen Arztbesuchen und der Einnahme von Hormonen, die nicht selten Nebenwirkungen verursachen und Spätfolgen nach sich ziehen können. Die Hoffnung auf medizinische Hilfe und schmerzvolle Enttäuschungen bestimmen in dieser Zeit den Lebensrhythmus und belasten den Körper, die Psyche und die Partnerschaft.

Zwangsläufig wird der Wunsch nach einem leiblichen Kind noch mehr zum Lebensmittelpunkt, obwohl die Wahrscheinlichkeit, schwanger zu werden, eingeschränkt ist. Eine paradoxe Situation, die Frauen viel abverlangt. Sie müssen über einen langen Zeitraum hinweg zweigleisig planen – zum einen ein Leben als Mutter, zum anderen ein Leben als kinderlose Berufstätige.

Viele Frauen sind hin- und hergerissen und fühlen sich in diesem Gefühlschaos allein gelassen. Im straff organisierten Zeitplan der Ärzte haben ausführliche Beratungsgespräche meistens keinen Platz. Und selten suchen sich Paare Unterstützung im Freundeskreis. Zu groß ist die Scham und das Gefühl, versagt zu haben.

Schätzungsweise bleibt jedes sechste Paar in den westeuropäischen Ländern ungewollt kinderlos, mit steigender Tendenz. Die Anzahl und Qualität der Spermien hat in den letzten Jahrzehnten nachweislich abgenommen. Die Zahl derer, die die Gründung einer Familie auf einen immer späteren Zeitpunkt verschieben, steigt. Fatal, denn die Fruchtbarkeit ist bereits ab dem 30. Lebensjahr rückläufig, nach dem 40. nimmt sie rapide ab. Zwar kann belegt werden, dass die Erfolgschancen bei einer medizinischen Kinderwunschbehandlung zwischen 15 und 25 Prozent pro Behandlungsversuch liegen, eine Garantie auf ein Kind gibt es aber auch im 21. Jahrhundert nicht. Letztendlich gelangt nur jedes zweite Paar mit Kinderwunsch auf diese Weise zum ersehnten Erfolg.

Nackte Zahlen, die zeigen, dass Kinderlosigkeit kein Einzelschicksal ist. Über die Menschen, die sich dahinter verbergen, ihren Kummer, ihre Trauer und ihr Bemühen damit zu leben, geben sie keine Auskunft. Zwar ist Unfruchtbarkeit keine Krankheit, die das körperliche Wohlbefinden beeinträchtigt – das seelische sehr wohl. Nicht das lebenswichtige Organ fällt aus oder das Bein lahmt, sondern es wird ein Verlust erlebt, der nicht greifbar ist, weil das Verlorene »nur« in der Fantasie existierte: eine Lebensperspektive – das eigene Kind und die damit verbundenen Hoffnungen, Inhalte und Lebensstationen.

Die Konfrontation mit der Tatsache, kein Kind zu bekommen, ist vergleichbar mit einer Amputation, die für andere jedoch nicht sichtbar ist. 48 Prozent der betroffenen Frauen und 15 Prozent der Männer empfinden ihre Unfruchtbarkeit als die schlimmste Erfahrung ihres Lebens, noch vor einer Scheidung oder dem Tod eines nahe stehenden Menschen.

Das Kind, das im Herzen bereits einen festen Platz eingenommen hatte, das in Gedanken im Arm gehalten wurde und von dem in der Vorstellung ein klares Bild existierte, ist nicht auf diese Welt gekommen. Was vor Jahren als Wunsch geboren wurde, langsam zur Sehnsucht herangereift war und anfänglich so leicht und mühelos zu verwirklichen schien, muss verabschiedet und zu Grabe getragen werden. Umsonst, so scheint es, die Jahre des Hoffens, die investierte Energie, die Belastungen. Umsonst der gemeinsame steinige Weg durch Höhen und Tiefen, bei dem es kein Ankommen gab.

Paare mit dem sehnlichen Wunsch nach einem Kind werden – vielleicht zum ersten Mal in ihrem Leben – mit unüberwindbaren Grenzen konfrontiert und müssen der schmerzhaften Realität ins Auge blicken, dass nicht alles erreichbar und machbar ist: eine bittere Ent-täuschung. Das Leben hat eine unvorhergesehene Wendung genommen. Das Paar muss sich mit seiner Vergangenheit und Zukunft aussöhnen, obwohl es noch nicht weiß, wie das andere, das neue Leben aussehen soll. Diese Situation geht mit Verunsicherung einher und kann eine Lebenskrise auslösen. Doch eine Krise beinhaltet immer auch eine Chance, was die chinesische Sprache trefflich zum Ausdruck bringt: Sie hat für beide Worte nur ein Schriftzeichen. Obwohl der Gedanke an ein Leben ohne Kind zu diesem Zeitpunkt kaum vorstellbar ist, gibt es zahlreiche Beispiele dafür, dass der Abschied gelingen kann: So kam Ende 2000 eine über zwei Jahre laufende Studie der Universitäten Freiburg im Breisgau und Jena zu dem Ergebnis, dass Kinder keine Garantie für ein glückliches, erfülltes Leben sind. 214 Kinderlose und ebenso viele Eltern im Alter zwischen 43 und 65 Jahren wurden befragt, und die Auswertung brachte zum Vorschein, dass Paare ohne Kinder nicht unglücklicher oder weniger sozial eingebunden sind als Paare mit Kindern. Sie leiden auch keineswegs häufiger an depressiven Verstimmungen oder psychosomatischen Erkrankungen. Erkenntnisse, die jedoch keinesfalls dafür herhalten sollen, den Schmerz und die Trauer von Frauen und Männern mit unerfülltem Kinderwunsch herunterzuspielen. Sie wurden der Möglichkeit beraubt, eine von der Natur vorgesehene, elementare Erfahrung zu machen – sich fortzupflanzen.

Loslassen lernen

»Ich wollte nie zu denen gehören, deren Leben darüber zerbricht.«

Michaela, 32 Jahre, Winter 2000

» Insgesamt liegen acht Jahre Kinderwunsch hinter uns, zum Teil mit vielen Schwierigkeiten und leidvollen Erfahrungen. Im November 1999 haben wir die vierte IVF gemacht. Damals haben wir uns schon mit dem Gedanken auseinander gesetzt, danach aufzuhören. Gezwungenermaßen, denn die Krankenkasse bezahlt nur vier Versuche, und wir sahen uns nicht in der Lage, weitere selbst zu finanzieren.

Der Versuch verlief viel versprechend, dennoch hatte ich kein gutes Gefühl. Einen Tag vor dem geplanten Schwangerschaftstest setzten Blutungen ein. Trotzdem war der Test positiv und zwar ziemlich eindeutig. Wir waren verunsichert: Dürfen wir uns nun freuen oder nicht? Um es kurz zu machen: Ich weiß nicht, wie viele Tests wir gemacht haben und wie viele Ultraschalluntersuchungen. Innerhalb von drei Wochen habe ich zwei Bauchspiegelungen hinter mich gebracht – aber der Embryo wurde nicht gefunden. Weder im Eileiter noch sonst wo. Am Ende musste ich mich einer leichten Chemotherapie unterziehen, da die Ärzte sich keinen anderen Rat wussten. Mein Mann und ich waren sehr enttäuscht, und wir waren uns einig, dass dieser Versuch nicht das Ende sein kann. Immerhin war ich schwanger geworden. Zwei weitere folgten, aber ohne Erfolg.

Nach den schmerzhaften Erlebnissen konnte ich einfach nicht mehr. Ich stellte fest, dass mein ganzes Leben nur noch auf den Wunsch nach einem Kind ausgerichtet war. Ich wurde immer trauriger, lustloser, depressiver. Ich hatte an nichts mehr Freude.

Während all der Jahre habe ich mir immer gewünscht, dass ich es irgendwann einmal schaffen werde, von dem Wunsch nach einem Kind Abschied zu nehmen, sollten wir keines bekommen. Ich wollte nie zu denen gehören, deren Leben daran zerbricht.

Deshalb habe ich vorerst Abschied genommen von den Behandlungen und versuche, meinem Leben einen anderen Inhalt zu geben. Ich engagiere mich für Tiere, mache Dinge, die mir Spaß machen, ohne Reue oder schlechtes Gewissen. Ich muss ja nun nicht mehr darauf achten, was einer ersehnten Schwangerschaft schaden könnte. Ich genieße das Leben wieder, freue mich über die Sonne, wenn sie scheint, über unseren Hund, den wir uns mittlerweile zugelegt haben, über ein Glas Wein am Abend.

Ich glaube inzwischen, das ist es, was zählt im Leben, und nicht, ob man ein Kind hat. Vielleicht ist man mit Kind auch nicht zufriedener? Natürlich denken wir immer wieder: Warum gerade wir? Aber es ist nun mal so und ich möchte trotzdem das Beste aus meinem Leben machen – wenn es sein muss eben auch ohne Kind. «

Michaela, drei Jahre später

» Mittlerweile bin ich 35 Jahre alt. Mein Mann und ich haben bis heute keine weiteren Versuche unternommen, um ein Kind zu bekommen – und es ist gut so wie es ist. Es wird sicherlich von Zeit zu Zeit traurige Momente geben, wenn wieder eine Freundin schwanger ist oder ein Baby geboren wird. Auch wenn man sieht, wie die Kinder im Umkreis heranwachsen. Aber ich finde, wir haben uns auf eine gute Art mit unserem Schicksal ausgesöhnt. Wir genießen bewusst die Freiheiten, die wir als kinderloses Paar haben, und ich kann sagen: Es ist nicht das schlechteste Leben.

Vielleicht können das viele nicht verstehen, aber ich war nach dem letzten Versuch erleichtert und habe einen richtigen Motivationsschub gehabt. Irgendwie war das wie eine Erlösung. Danach habe ich mich beruflich auf den Experimentierweg begeben und eine Sache angepackt, die ich wegen der Behandlungen immer hintangestellt hatte. Endlich habe ich mir meinen langjährigen Traum erfüllt und einen kleinen Laden mit Geschenken und Wohnaccessoires eröffnet. Mit Kind hätte ich dieses Vorhaben sicher nie umgesetzt. Hier lasse ich meine ganze Energie, und es macht mir sehr viel Spaß. Das ist nun mein Baby, das ich hege und pflege, damit es wächst und gedeiht.

Die Gedanken an ein eigenes Kind werden immer seltener. Und ich habe auch immer weniger Lust, mich mit diesem Thema zu beschäftigen. Was mir dabei geholfen hat, war mein Engagement in einem Verein für ungewollt Kinderlose, in dem ich intensiv mit Betroffenen gearbeitet habe. Daher weiß ich, dass es wenigen Paaren gelingt, während der medizinischen Behandlungen ein ausgefülltes Leben zu leben. Und danach haben viele keine Perspektive mehr. Deshalb ist es wichtig, sich schon frühzeitig mit einem möglichen Abschied auseinander zu setzen. Ich denke, es ist nicht richtig, den Abschied zu verdrängen, sondern man muss die Gefühle zulassen. Mir hat es jedenfalls geholfen. Ich frage mich auch: Wo sind sie, die von erfolglosen Kinderwunschbehandlungen enttäuschten Paare? Wie werden sie damit fertig? Ich habe während meiner Vereinsarbeit fast ausschließlich Betroffene kennen gelernt, die sich noch in Behandlung befanden oder sogar noch am Anfang standen. Paare, bei denen es nicht geklappt hat, ziehen sich zurück. Das finde ich traurig, denn während der ersten Zeit des Abschiednehmens kann man jede Unterstützung brauchen, um sich wieder ganz auf das Leben einzulassen. «

Den »richtigen« Zeitpunkt finden

> *»Nur keine Entscheidung*
> *ist die falsche Entscheidung.«*
> Chinesisches Sprichwort

Der Tag, an dem Paare den Abschied vom leiblichen Kind als unumstößliche Realität anerkennen, wird verdrängt oder immer wieder verschoben. Manchmal aber wird er auch – unmerklich – herbeigesehnt, wenn die Seele zermürbt ist vom Auf und Ab der Gefühle zwischen Hoffen und Enttäuschung, wenn der Schmerz den Alltag dominiert und die Partnerschaft leidet. Dann kann eine behutsame Annäherung an ein Leben ohne Kind befreiend sein.

Wann der Zeitpunkt gekommen ist, einen bewussten Schlusspunkt unter den Kinderwunsch zu setzen und sich für den Abschied zu öffnen, dafür gibt es keine allgemein gültige Antwort. Er ist so unterschiedlich wie jedes einzelne Paar. Er kann in naher Zukunft oder in weiter Ferne liegen. Er reift langsam zur Gewissheit oder ist plötzlich da. Ihn zu finden und festzulegen ist eine schwierige Herausforderung und bedeutet, Ausschau zu halten – in sich selbst – nach der Bereitschaft loszulassen. Das macht Angst und verheißt Leid. Leichter zu deuten sind die Zeichen, die darauf hinweisen, dass die Zeit reif ist, über eine Wende im Leben nachzudenken.

Mögliche Signale:

- Wenn Sie immer weniger Lust haben, an den fruchtbaren Tagen mit Ihrem Partner zu schlafen,
- wenn der Gang in die Fertilitätspraxis von Termin zu Termin mühsamer wird,
- wenn Sie Arzttermine verpassen oder Medikamente falsch oder gar nicht einnehmen,
- wenn Ihre Partnerschaft erkennbaren Schaden erlitten hat und Sie sich zunehmend voneinander entfernen,

- wenn das Gefühl, allein zu sein und von Ihrem Partner nicht unterstützt zu werden, zunimmt,
- wenn Ihr Mann völlig verunsichert ist und nicht mehr weiß, wie er Ihnen helfen kann,
- wenn sich die Streits um Nebensächlichkeiten häufen,
- wenn die Aussicht auf eine Schwangerschaft immer unwahrscheinlicher wird,
- wenn Sie sich isolieren und zu nichts mehr Lust haben,
- wenn die Nebenwirkungen der Medikamente so stark sind, dass Sie um Ihre Gesundheit fürchten,
- wenn sich alles um das nicht existierende Kind dreht.

Überlegen Sie darüber hinaus, an was Sie erkennen können, dass Ihre Grenze erreicht ist.

Jahr für Jahr zwischen zwei Leben zu stehen, weder zu dem einen noch zu dem anderen zu gehören, nicht zu wissen, ob man als Paar oder Familie planen soll – ein Schwebezustand, der das Leben auf Sparflamme hält. Es mag provozierend klingen, doch sich auf das Unbekannte einzulassen, birgt auch eine Chance, die oftmals erst später erkannt wird. Erst wenn eine Tür geschlossen ist, kann eine neue geöffnet werden. Wichtig ist nur, dass Sie diese Entscheidung selbstverantwortlich treffen, denn Sie müssen die Konsequenzen tragen.

Manchen Paaren fällt es leichter, wenn die äußeren Umstände das Ende forcieren. Wenn die Wechseljahre einsetzen, die Krankenkasse die Kostenübernahme für weitere Behandlungen verweigert oder die Diagnose so schwer wiegend ausfällt, dass auch die moderne Medizin nicht helfen kann. Schwieriger ist es für die zehn Prozent, bei denen die Medizinerinnen keinen Grund für die Unfruchtbarkeit finden und einer Schwangerschaft eigentlich nichts im Weg steht. Aber auch dann taucht irgendwann der Gedanke an ein Ende auf, spätestens dann, wenn die Belastung für den Körper, die Psyche und die Beziehung zu groß geworden ist. Viele Paare berichten, dass es ihnen erst dann gelungen ist, einen Schlussstrich zu ziehen. Im Rückblick gestehen sie sich ein, dass sie zu lange damit gewartet haben.

Gemeinsam statt einsam

Viele Männer überlassen ihren Frauen nicht nur die Entscheidung, inwieweit medizinische Behandlungsmöglichkeiten ausgeschöpft werden, sondern auch die, den Schlusspunkt zu setzen. Es fällt ihnen schwer, mit anzusehen, wie belastend die Behandlungen für ihre Partnerin sind, und nicht selten entwickeln sie sogar Schuldgefühle, weil sie kaum einbezogen werden. Deshalb stellen sie es ihren Frauen anheim, das Ende zu bestimmen oder sagen sich selbst vom Kinderwunsch los, in der Hoffnung, ihr das Aufhören zu erleichtern. Doch niemand kann diese Entscheidung, die so tief greifende Auswirkungen sowohl für die Beziehung als auch für jeden Einzelnen hat, alleine treffen. Für die Stabilität der Partnerschaft ist es wichtig, die unterschiedlichen Bedürfnisse abzuwägen und gemeinsam zu einem Ende zu kommen, das von beiden emotional getragen werden kann.

» Mein Mann hat nie gesagt, es wäre ihm jetzt zu viel. Und er hat es mir überlassen zu sagen, jetzt ist Schluss. Das habe ich wiederum als sehr schwierig empfunden, dass ich diejenige sein soll, die das für uns beide entscheidet. Ich glaube, er hat das so gesehen, weil es eben mein Körper ist, an dem manipuliert wurde. Ich musste das Ganze ja auch ertragen, die Behandlungen – alles eben. Ich habe mich trotzdem von ihm ein wenig im Stich gelassen gefühlt. Ich wollte das nicht auf mich nehmen, und ich dachte, vielleicht kommt er dann irgendwann einmal und sagt: Du wolltest nicht mehr, es war deine Entscheidung. «

Sandra, 38 Jahre

Sich der Endgültigkeit nähern

Es gibt Paare, für die von Anfang an feststeht, wie lange sie ihren Kinderwunsch aktiv verfolgen wollen, mit oder ohne medizinische Unterstützung. Andere haben sich darüber nie abgesprochen, weil der Gedanke, der ersehnte Nachwuchs könnte sich nicht einstellen, unerträglich erscheint. Dennoch kann auch für sie der Moment kommen, wo sie Farbe bekennen müssen: Wenn Zyklus für Zyklus die Zuversicht in Enttäuschung mündet und das Familienglück immer unwahrscheinlicher wird. Nur wenigen ist es möglich, dann spontan loszulassen, insbesondere wenn große Hoffnungen in die Reproduktionsmedizin gesetzt werden. Verständlich, denn der Wunsch nach einem Kind ist etwas Kostbares und wird von Liebe getragen. Es ist angebracht, sich mit dem Abschied langsam vertraut zu machen. Der »richtige« Zeitpunkt ist nicht zwangsläufig ein fixes Datum.

Nehmen Sie sich die Zeit, die Sie brauchen, um zu einem für beide stimmigen Ende zu finden. Setzen Sie sich nicht unter Druck und sprechen Sie mit Ihrem Partner darüber. Überlegen Sie sich auch, was Ihnen außer dem Kinderwunsch noch wichtig ist im Leben. Öffnen Sie sich für die Signale, die Ihnen Ihr Körper und Ihre Seele senden, und behalten Sie Ihr eigenes Wohlbefinden und Ihre Partnerschaft im Blick. Beides ist ein wertvolles Gut. Legen Sie es in die Waagschale und nehmen Sie sich vor, ein Limit zu setzen, bevor Sie über dem Wunsch nach neuem Leben das eigene aus den Augen verlieren und daran zu zerbrechen drohen.

» Nach zwei Ausschabungen und der fünften Fehlgeburt stand für mich fest, das mach' ich nicht noch einmal mit. Da war ein Punkt erreicht, auch psychisch, wo ich gemerkt habe, das ist eine Belastung, der kann und will ich mich nicht mehr aussetzen. Da hatte ich das Gefühl, jetzt ist es genug. Mir war immer klar, dass ich das irgendwann spüre. «

Antonia, 44 Jahre

Ehrlich zu sich sein

Bei dieser schwer wiegenden Entscheidung ist es wichtig, ehrlich zu sich zu sein, was in dieser Situation nicht ganz einfach ist. Deshalb sollten der Kopf *und* der Bauch zu Wort kommen. Vielleicht weiß der Verstand längst um die schlechten Chancen, aber der Bauch und das Herz sind noch nicht bereit, dem Ende ins Auge zu sehen. Oder umgekehrt: Intuitiv weiß man um die Aussichtslosigkeit, und die Kräfte schwinden zunehmend, aber der Kopf will alle Möglichkeiten ausschöpfen, um sich später keine Vorwürfe machen zu müssen. Der Reproduktionsmediziner Professor Dr. Dr. Wolfgang Würfel ermutigt seine Patientinnen in dieser Situation, mit sich in Dialog zu treten und dem eigenen Spiegelbild die Fragen zu stellen: »Willst du das wirklich? Wie viel kannst du noch auf dich nehmen?« Vielleicht siegt der Bauch, und das Unmögliche muss noch einmal erfahren werden, um es zu begreifen, dann aber mit dem Gefühl, alles getan zu haben. Oder aber es wird deutlich, dass die Bereitschaft, die Strapazen und Einschränkungen weiterhin auf sich zu nehmen, nicht mehr ausreichend vorhanden ist und der Wunsch nach einem »normalen« Leben überwiegt. Hören Sie auf Ihre innere Stimme, die in der Regel weiß, was gut für Sie ist. Sie müssen nur genau hinhören, denn manchmal ist sie nicht laut genug, um die Sehnsucht nach einem Kind zu übertönen. Und manchmal muss der Druck sehr groß werden, damit sie Gehör findet.

Ambivalente Gefühle

Zur Aufrichtigkeit gehört auch, auf Gefühlsregungen zu achten, die verwirren. Vor allem dann können ambivalente Gefühle auftreten, wenn nach vielen Jahren Kinderwunsch der anfängliche Optimismus nicht mehr trägt. Plötzlich meldet sich eine Seite, die Gefallen an einem Leben ohne Kind findet oder Pläne schmiedet, in denen keine Familie vorkommt. Diese Gefühle zuzulassen erfordert Mut, denn sie erscheinen wie Verrat an sich selbst und an den zurückliegenden Jahren, in denen jegliches Streben auf die Erfüllung des Kinderwunsches gerichtet war, sämtliche Mühen in Kauf genommen wurden und man auf vieles verzichtet hat. Dieses Lebensziel zu hinterfragen, so wird befürchtet, macht unglaubwürdig und angreifbar. Sollten Sie diese leisen Zweifel wahrnehmen, räumen Sie ihnen dennoch einen Platz ein, auch wenn Sie noch nicht bereit sind, Abschied zu nehmen. Der Wunsch nach einem Kind und die »verbotenen« Gedanken an die Vorzüge eines kinderfreien Lebens dürfen nebeneinander bestehen. Sie können der Anfang einer gesunden Ablösung sein, in jedem Fall aber sind sie ein Teil von Ihnen. Entscheiden Sie, wann Sie diese Ambivalenz öffentlich machen, denn einmal ausgesprochen, ist sie in dieser Welt. Vielleicht aber sind diese Überlegungen noch nicht reif für fremde Ohren und zu verunsichernd, um Fragen standzuhalten.

» Wir hatten schon fünf Jahre lang erfolglos probiert, ein Kind zu bekommen, als plötzlich meine Periode ausblieb. Ich kann mich sehr genau daran erinnern. Ich hatte eine neue Arbeit angefangen, die mir sehr viel Spaß machte und bei der sich interessante Aufstiegschancen auftaten. Mir wurde heiß und kalt, als ich feststellte, dass meine Regelblutung eine Woche überfällig war. War dies das Ende des Lebens, das ich jetzt führte, wo ich mich doch endlich wieder auf etwas eingelassen hatte? So viele Jahre richteten sich alle Pläne danach, dass wir eine Familie gründen wollten. Das war keine einfache Zeit, auch nicht für unsere Beziehung. Und nun sollte ich am Ziel unserer Wünsche angekommen sein und ich konnte mich nicht richtig freuen. Ich habe mit niemanden darüber geredet, nicht einmal mit meinem Partner oder meiner besten Freundin, denn ich habe mich für diese Gefühle geschämt, und ich kam mir so undankbar vor. Kurz darauf habe ich Blutungen bekommen und ich war erleichtert.

Dieses Erlebnis hat mir gezeigt, dass ich unmerklich Abschied genommen und mich auf ein neues Leben eingelassen hatte. Sicher wäre die Freude noch gekommen, aber diese erste Reaktion sprach Bände. Heute lebe ich ohne Kind. Ich bin immer wieder traurig darüber, aber ich habe vieles in meinem Leben, das mich ausfüllt und glücklich macht. 

Clara, 45 Jahre

Chancen einschätzen

Bei allen wichtigen Fragestellungen ist es ratsam, sich vorab die Informationen einzuholen, die man benötigt, um sich richtig entscheiden zu können. So sollten Sie auch den Mut aufbringen, wenn der Erfolg ausbleibt, das Gespräch mit dem Arzt zu suchen und mit ihm über Ihre reellen Chancen zu sprechen. Denn hat sich die Kinderwunschbehandlung über einen längeren Zeitraum hingezogen, kann sich die Prognose zum Beispiel auf Grund des Alters verschlechtert haben. Es ist die Aufgabe und Verantwortung der Fertilitätsmedizinerinnen, eine realistische Chanceneinschätzung zu geben und auf die Grenzen der Medizin hinzuweisen.

Die Psychotherapeutin Christine Büchl fordert ungewollt kinderlose Paare in ihren Workshops dazu auf, unabhängig von der ärztlichen Prognose selbst die Aussichten auf eine Schwangerschaft einzuschätzen und sich das Ergebnis gegenseitig mitzuteilen, denn beide müssen wissen, wo der andere steht. Insbesondere für Männer ist es sehr wichtig, zu erfahren, ob und wann ihre Partnerin die Situation nicht mehr optimistisch beurteilt. Viele befürchten nämlich, dass ihre Frau den Verlust niemals akzeptieren kann. Sprechen Sie deshalb mit Ihrem Partner und teilen Sie ihm mit, wie weit Sie noch gehen wollen. Fast immer ist der Mann bereit, seine Frau weiterhin zu unterstützen, wenn sie sich einem endgültigen Abschied noch nicht stellen kann und will.

Wertehierarchie

Hilfreich kann sein, sich über die eigenen Wertigkeiten im Leben Klarheit zu verschaffen und sich mit der Frage auseinander zu setzen: »Für was würde ich mich entscheiden, hätte ich die freie Wahl zwischen Partnerschaft oder Kind?« Sie können diese Wertehierarchie auch ausweiten und Gesundheit mit aufnehmen. Machen Sie diese Übung schriftlich und vergeben Sie Punkte. Erstaunlicherweise steht bei vielen Paaren das Kind auf Platz drei.

» Wir haben im Mai unsere erste ICSI gehabt, die negativ war. Seitdem geht es mir sauschlecht. Körperlich und noch mehr seelisch, und ich halte diesen Druck einfach nicht mehr aus. Ich ziehe echt den Hut vor denen, die Jahre damit zubringen, sich dieser Tortour zu unterziehen, aber ich kann es nicht mehr. Ich habe Angst, dass meine Ehe kaputtgeht. Dann lieber eine glückliche Ehe ohne Kind als ein Kind ohne Mann. Es tut sehr weh, diesen Schritt zu gehen, aber wenn ich weitermachen würde, dann lande ich irgendwann mal in der Psychiatrie. Das ist die Sache doch nicht wert, oder? «

Beitrag aus einem Internet-Forum, Juli 2003

Austausch mit Betroffenen

Im Internet gibt es einige Abschiedsforen, in denen sich ungewollt Kinderlose treffen. Der Vorteil dieser Foren ist, dass Sie sich anonym und rund um die Uhr mit betroffenen Frauen (selten auch mit Männern) austauschen können. Manche nähern sich dem Abschied vom Kinderwunsch nur in ein paar Sätzen, andere gehen offensiv damit um und suchen nach Alternativen. Auf jeden Fall wird sichtbar, wie viele Frauen es gibt, die dasselbe Schicksal erleiden. Das allein kann entlastend sein. Darüber hinaus unterstützen sich die Teilnehmerinnen gegenseitig auf sehr einfühlsame Art und Weise, denn alle wissen, wie schmerzhaft das Loslassen ist. Sie können Tipps und Anregungen erhalten und von den Erfahrungen anderer lernen. Wenn Sie unsicher sind, ob Sie von einem Abschiedsforum profitieren, können Sie die Beiträge verfolgen, ohne registriert zu sein. Erst wenn Sie sich aktiv einbringen wollen, müssen sie sich mit einem Codenamen anmelden.

Blick in eine andere Zukunft

Überlegen Sie, allein und zu zweit, wie ein Leben ohne Kind aussehen könnte. Wie verbringen Sie die Zeit miteinander? Wo stehen Sie im Beruf? Gibt es ein neues Hobby? Beziehen Sie in Ihre Visionen auch die Dinge ein, die vor dem Kinderwunsch in Ihrer Beziehung wichtig und einmalig waren und Ihnen Freude bereitet haben. Entwerfen Sie vor Ihrem inneren Auge ein Bild, ein Foto, das Sie gedanklich irgendwo ablegen, um es in zeitlichen Abständen immer wieder zu betrachten und zu ergänzen. Nachdruck verleihen Sie dieser Übung, wenn Sie sich die Zeit und Ruhe nehmen, tatsächlich ein Bild zu malen, eine Collage zu basteln oder die Ergebnisse schriftlich festzuhalten.

Kinderlos auf Probe

Wenn Sexualität zum lustlosen Pflichtakt verkümmert oder der Gang in die Fertilitätspraxis zur Qual wird, sollten Sie über »Urlaub vom Kinderwunsch« nachdenken. So wie Sie Ihren Jahresurlaub planen oder Eltern sich eine Auszeit gönnen und ihre Kinder den Großeltern überlassen oder ins Zeltlager schicken, um Zeit für einander zu haben.

Besinnen Sie sich auf die Dinge im Leben, die Sie in den vergangenen Jahren dem Kinderwunsch zuliebe hintangestellt haben. Das heißt nicht, dass Sie ihren Traum von der eigenen Familie aufgeben, Sie nehmen sich lediglich eine Auszeit, um wieder Kraft zu schöpfen und einen Teil des aufgeschobenen Lebens nachzuholen. Verständigen Sie sich vorher mit Ihrem Partner auf einen begrenzten Zeitraum oder lassen Sie bewusst das Ende offen. Sie haben jeden Tag die Wahl, Ihre Entscheidung zu ändern. Hat Ihre Sexualität unter dem Druck ein Kind zu zeugen gelitten, ist es ratsam, bewusst nicht an den fruchtbaren Tagen miteinander zu schlafen. Die Gefahr ist groß, dass sich automatisch das monatliche Warten wieder einschleicht und Ihren »Urlaub« trübt. Legen Sie auch Zeiten fest, in denen Sie nicht über Ihren Kinderwunsch sprechen.

Wenn Sie sich an diese Abmachungen halten, können Sie neue Erfahrungen mit sich und Ihrem Partner machen. Und vielleicht wird Ihnen wieder bewusst, wie es ist, miteinander glücklich zu sein, auch ohne Kind.

Bewahren Sie sich das Erlebte, auch wenn Sie sich für weitere Versuche entscheiden. Kinderwunschbehandlungen erfordern Abstriche, aber es müssen nicht zwangsläufig alle anderen Pläne und Annehmlichkeiten auf eine ungewisse Zukunft verschoben werden. Die Wahrscheinlichkeit, schwanger zu werden, wird dadurch nicht größer. Nehmen Sie sich vor, sich nicht weiterhin von Ihrem Zyklus dominieren zu lassen. Vielleicht entwickeln Sie sogar die innere Gelassenheit, die Empfängnis dem Zufall und der Natur zu überlassen. Aber verschieben Sie das Leben nicht auf morgen.

» Ich habe mir z. B. nach fünf Jahren wieder ein eigenes Pferd geleistet und bin seitdem viel ausgeglichener und abends, wenn ich nach Hause komme, sehr glücklich und zufrieden. Auch unsere Beziehung hat davon profitiert. Ich denke nicht die ganze Zeit ans Kinderkriegen und genieße mein Leben. Das war vorher auch anders. Ich bin fünf Jahre wegen des Kinderwunsches nicht mehr geritten, wir waren nicht im Urlaub und haben immer nur auf eine Schwangerschaft gewartet. «

Beitrag aus einem Internet-Forum, Juli 2003

Wenn das Aufhören nicht gelingen mag

Die moderne Fortpflanzungsmedizin ist Hoffnung für jene, denen der Körper versagt, was die Biologie vorgesehen hat. Zweifelsohne ist sie ein Segen, wenn die medizinischen Maßnahmen zum Erfolg führen. Zum Fluch wird sie dann, wenn Paare in einen Sog geraten, in dem ein Versuch auf den anderen folgt und das nicht geborene Kind zum alleinigen Lebenssinn wird.

Es ist gut nachvollziehbar, dass der Wunsch nach einer eigenen Familie das Leben prägt und Betroffene bereit sind, vieles auf sich zu nehmen, um dieses Lebensziel zu verwirklichen. Und ein Paar, das sich für medizinische Unterstützung entscheidet, muss hinter diesem Entschluss stehen, denn die Behandlungen sind körperlich und seelisch belastend und erfordern engagierte Mitarbeit. Doch die Gefahr besteht, den Blick für die Realität zu verlieren. Nichts soll versäumt, nichts ausgelassen werden – ein weiterer Behandlungszyklus, eine neue Methode, ein anderes Kinderwunschzentrum lassen immer wieder von Neuem hoffen, während der »richtige« Zeitpunkt, der vielleicht schon längst gekommen ist, nicht erkannt wird. Ist es doch scheinbar so nah – das Ziel, das eigene Kind.

Keine Frage, der Abschied vom Kinderwunsch ist eine schwere Aufgabe, der sich ungewollt kinderlose Frauen und Männer stellen müssen. Dabei ist es verständlich, dass sie versuchen, dieser Entscheidung möglichst lange aus dem Weg zu gehen. Doch die Hoffnung, dass vielleicht gerade der nächste Versuch zum ersehnten Erfolg führen könnte und deshalb unbedingt wahrgenommen werden muss, kann sich zur Negativspirale entwickeln. Dahinter steht die Angst, innezuhalten, um den missglückten Versuch zu trauern und sich langsam mit dem schmerzvollen Gedanken vertraut zu machen, dass sich dieser Wunsch im Leben nicht erfüllen wird. Um diese Gefühle nicht spüren und aushalten zu müssen, kann scheinbar nur der nächste Versuch helfen. Viele Ärzte vergleichen diesen Teufelskreis mit süchtigem Verhalten. Die Gedanken kreisen nur noch um dieses eine Thema, der eigene Aktionsradius wird immer enger, die Partnerschaft leidet unter dem Druck, Freunde werden vernachlässigt, Hobbys aufgegeben, der Arbeitsplatz gekündigt. Die gesamte Aufmerksamkeit ist auf die Erfüllung des Kinderwunschs gerichtet, ein Leben darüber hinaus findet nicht mehr statt.

Wenn Sie das Gefühl haben, an die Grenze Ihrer körperlichen und seelischen Belastbarkeit gekommen zu sein, und trotzdem ist der Gedanke an ein Ende für Sie unvorstellbar, sollten Sie sich nicht davor scheuen, psychologische Hilfe in Anspruch zu nehmen. Sprechen Sie mit Ihrer Ärztin darüber, sie wird dafür Verständnis haben. Die Richtlinien der Bundesärztekammer empfehlen parallel zu einer reproduktionsmedizinischen Behandlung eine unabhängige Beratung, die vor allem auf die psychischen Aspekte und Belastungen eingeht.

Kurzes Innehalten

Sie sind am Ende dieses Kapitels angelangt. Nun können Sie entscheiden, ob Sie weiterlesen und sich noch tiefer auf das Thema Abschied einlassen wollen. Vielleicht aber spüren Sie massive innere Widerstände. Dann sollten Sie das Buch ein paar Tage oder Wochen zur Seite legen. Vielleicht ist der »richtige« Zeitpunkt noch nicht gekommen. Oder Sie tasten sich langsam vor und lesen nur die Kapitel, die Sie besonders interessieren und am wenigsten ängstigen. Ein guter Einstieg kann sein, mit den Berichten Betroffener zu beginnen.

Abschied vom nie geborenen Kind

Abschied bedeutet trauern

»Trauer ist eine normale, natürliche, ja notwendige Reaktion auf einen Verlust. Trauer ist ein Zeichen von Lebendigkeit, auch wenn der Betroffene das Leben sehr eingeengt erlebt.«
Sigmund Freud

Trauer hat in unserer Konsumgesellschaft keinen Platz. Was zählt sind Fitness, Vitalität, Jugend und schnelle Kicks. Wer nicht mithalten kann, läuft Gefahr, Außenseiter zu werden. Doch zum Leben gehören auch Zeiten der Trauer und des Abschiednehmens, und es ist wichtig, diese als Teil des menschlichen Daseins zu akzeptieren. Verurteilen Sie sich also nicht, wenn Sie der Abschied von Ihrem Wunschkind in eine Krise stürzt. Es ist vollkommen normal, sich nicht mit voller Energie dem neuen Lebensabschnitt zuzuwenden. Kinderlose Paare müssen sich schließlich von einem Herzenswunsch verabschieden, der unter Umständen jahrelang ihren Alltag geprägt und ihre ganze Aufmerksamkeit beansprucht hat. Gehen Sie deshalb einfühlsam und verständnisvoll mit sich um. Nur Sie allein wissen, wie beschwerlich die Zeit des Hoffens und Wartens war, auf was Sie verzichtet haben und wie viel Lebensfreude dabei verloren ging. Verleugnen Sie ihre Gefühle nicht, erlauben Sie sich, über all das zu trauern, auch wenn andere dafür wenig Verständnis zeigen. Es ist angemessen.

Dieser Prozess braucht seine Zeit. Er kann mehrere Monate, ein Jahr oder länger dauern. Trauern bedeutet auch, alle aufkommenden Stimmungen anzunehmen und auszuhalten. Schämen Sie sich nicht, wenn Sie Gefühle bei sich entdecken, die Ihnen bisher fremd waren und die Sie nicht mit sich und Ihren Wertvorstellungen in Einklang bringen. Oder wenn Sie über einen längeren Zeitraum niedergeschlagen und nicht mehr »die Alte« sind. Lassen Sie sich nicht entmutigen – am Ende einer gelungenen Trauerarbeit warten neue Aufgaben und Ziele. Einem zufriedenen und erfüllten Leben steht dann nichts mehr im Weg. Denn aktives Trauern macht es möglich, sich von Vergangenem zu lösen und sich innerlich für Neues zu öffnen.

» Meine Welt brach zusammen, alle meine Träume waren utopisch geworden, ich fühlte mich wie in einem ganz, ganz tiefen Loch. Leider habe ich damals meine irre Trauer ganz schnell runtergeschluckt und, genau wie Ihr es beschreibt, nach außen so getan, als wäre ich ganz tapfer und das Leben für mich kein Problem. Das ist mir nicht gut bekommen. Neben körperlichen Problemen (ich war ununterbrochen krank, eine Infektion nach der nächsten) kamen psychische Schwierigkeiten hinzu. Aggressionen lösten Depressionen ab, mal war ich total überdreht, dann supersensibel, für meine Umwelt kaum zu ertragen. Die Zukunft wurde immer perspektivenloser.

Vor knapp eineinhalb Jahren kam dann der große Knall: Meine Schwester verlor ihr Baby in der 20. Schwangerschaftswoche und trauerte wie verrückt. Und in mir machte es auf einmal »plopp«, und die ganze Traurigkeit der vergangenen Jahre floss auf einmal aus mir raus und ich trauerte und trauerte und trauerte. Wie ein Knoten, der auf einmal aufgegangen war. Und so schlecht ich mich damals fühlte, das Gespräch mit meiner Schwester über unsere Trauer, die Gespräche mit Mann, Mutter, Freunden und auch meinem Arzt haben mir geholfen, die Trauer aktiv zu durchleben … Die Erkenntnis, nie ein leibliches Kind im Arm halten zu dürfen, ist wie ein realer Verlust. Diesen Verlust muss man erst mal verarbeiten, es ist wie echte Trauerarbeit. Wenn Ihr dies erkannt habt, werdet Ihr auch Eure Lebensfreude wieder finden. Macht nicht meinen Fehler, Euren Kummer tief zu vergraben und Euch das ganze Leben verregnen zu lassen.

So langsam merke ich allerdings, dass ich den Tunnel durchquert habe. Schwangere und Mütter mit Kinderwagen sind kein Problem mehr (na ja, fast keins) und ich kann mein Leben mit meinem Partner wieder ohne nickelige Kleinkriegkämpfe (das lenkt ab) gestalten. Ich fühle, dass ich mein Leben wieder selbst in die Hand nehmen kann und nicht mehr derartig fremdbestimmt bin. «

Beitrag aus einem Internet-Forum, Juni 2003

Doch auch, wenn Sie sich mit Ihrer Kinderlosigkeit ausgesöhnt haben, müssen Sie sich darauf einstellen, dass Sie im Verlauf Ihres weiteren Lebens immer wieder damit konfrontiert und von Wehmut heimgesucht werden. Wenn Sie in die Wechseljahre kommen und die Natur der Fruchtbarkeit ein Ende setzt, kann das Thema Abschied noch einmal schmerzhaft ins Bewusstsein gelangen. Aber auch wenn im Freundes- und Familienkreis Kinder zur Welt kommen, diese ihre ersten Schritte machen, eingeschult werden, heiraten und schließlich selbst Nachwuchs erwarten, wenn Ihre Freundinnen und Geschwister stolz die Enkel präsentieren – das sind Situationen, in denen Sie mit Ihrer Trauer in Berührung kommen können und schmerzlich erfahren, dass Sie nie auf der Seite stolzer Eltern stehen werden.

» Im Sommer war ich zum 50. Geburtstag einer Freundin eingeladen, mit der ich vor über 20 Jahren in einer Wohngemeinschaft gelebt habe. Alle damaligen Mitbewohner waren auch auf ihrem Fest. Ein Wiedersehen nach langer Zeit. Einige hatten ihre fast erwachsenen Kinder dabei, die anderen erzählten von ihren Töchtern und Söhnen. Ich wurde an diesem Abend immer stiller, und auf dem Nachhauseweg habe ich geweint. Mir war, als fehlte mir ein Stück Leben. Familie gab es bei mir nicht. Ich weiß natürlich, dass nicht alles eitel Sonnenschein ist in diesen Familien und ich sogar um manches, was mir als kinderlose Frau möglich ist, beneidet werde. Ich wollte auch mit niemanden tauschen. Aber ich denke, solche Momente wird es trotzdem immer wieder geben. «

Rahel, 45 Jahre

Die Trauerphasen

Ein Abschied für immer ist ein inneres Ringen darum, mit dem Verlust eines geliebten Menschen fertig zu werden. Dabei spielt es keine Rolle, ob der Freund oder die Angehörige durch Tod oder Trennung aus unserem Leben gegangen ist. In unterschiedlichen Phasen durchleben die Trauernden heftige Gefühlsreaktionen. Von Verzweiflung und Wut bis hin zu Leere und Depression, um schließlich mit ihrem Schicksal Frieden zu schließen.

Obwohl sich kinderlose Paare von einer Vision verabschieden müssen – einem Kind, das nie existierte – sind die Reaktionen vergleichbar. Was fehlt, ist eine Grabstätte zum Verweilen und Trauern. Für Kinder, die nur im Herzen gelebt haben, gibt es keinen Ort des Gedenkens, kein Abschiedsritual.

Wie lange die einzelnen Trauerphasen dauern, ob sie sich überschneiden oder ob längst durchlebt geglaubte Gefühle wieder auftauchen, kann nicht vorhergesagt werden. Vermutlich haben Sie aber schon eine kurze oder längere Wegstrecke der Trauerarbeit zurückgelegt – denn jeder missglückte Versuch, jede Monatsblutung war bereits ein kleiner Abschied. Auch die Erfahrungen, die Sie in Ihrem bisherigen Leben gemacht und die Sie geprägt haben, spielen bei der Verarbeitung eine Rolle, ebenso der Stellenwert, den Sie einem Kind gegeben haben. War die gesamte Lebensplanung auf eine eigene Familie ausgerichtet, wird Ihnen der Abschied vermutlich schwerer fallen als einer Frau, die sich zwar ein Kind gewünscht hat, sich aber auch ein Leben ohne Kinder vorstellen konnte.

Realisieren

Die Gründe für die Entscheidung, sich vom Wunschkind zu verabschieden, können sehr unterschiedlich sein. Möglicherweise hat die Krankenkasse eine weitere Finanzierung der Versuche abgelehnt oder der Partner ist nicht mehr bereit, den Kinderwunsch zum Mittelpunkt seines Leben zu machen. Vielleicht aber sind das Leiden unter den Behandlungen und die damit verbundenen Einschränkungen zu groß geworden. Welche Gründe auch immer Sie dazu bewegt haben, Ihren Bemühungen, schwanger zu werden und ein Kind auszutragen, ein Ende zu setzen – es war eine mutige Entscheidung, die sicher nicht leicht war.

Nun geht es darum, diese Situation zu realisieren: *Ich werde in meinem Leben nie ein leibliches Kind haben.* Der vorgesehene Platz wird leer bleiben. Der gemeinsame Familienspaziergang, der Besuch im Zoo, der Kindergeburtstag, die vielen erträumten Sequenzen lassen sich nicht verwirklichen. In dieser Phase ist es wichtig, ein letztes Mal ehrlich zu überprüfen, ob es nicht doch noch ein offenes Hintertürchen gibt. Sollten Sie eines entdecken, entscheiden Sie gemeinsam mit Ihrem Partner, ob Sie bereit sind, es endgültig zu schließen.

Wut und Neid

Ist die letzte Türe zugestoßen, kann es durchaus sein, dass sich die Wut wieder meldet, die jede Frau kennt, die sich vergeblich ein Kind gewünscht hat. Diese Gefühlsregung kann sich gegen den eigenen Körper richten oder gegen Ärztinnen und die Reproduktionsmedizin, die nicht zum ersehnten Erfolg verholfen haben. Wenn es in der Partnerschaft gegenseitige Schuldzuweisungen und Vorwürfe gab, können diese noch einmal auftauchen. Aber auch die Gesellschaft kann zum Sündenbock erklärt werden, weil sich immer noch hartnäckig das Vorurteil hält: Nur eine Mutter ist eine richtige Frau. Gleichzeitig bahnen sich Neidgefühle ihren Weg ins Bewusstsein: Neid auf all die Mütter, die das vorleben, was im eigenen Leben nicht in Erfüllung gegangen ist. Viele Frauen hadern mit ihrem Schicksal, das ihnen ungerecht erscheint. Sie grübeln, was sie falsch gemacht haben. Warum die anderen – die Schwester, die Freundin, die Kollegin? Warum Frauen, die in schwierigen Beziehungen leben? Warum Frauen, die gar keine Kinder haben wollen? Eine Antwort darauf wird es nicht geben.

Innere Leere

Die schwierigste Phase ist die der inneren Leere. Jahrelang war das Thema Kind Mittelpunkt des eigenen und des partnerschaftlichen Lebens. Umso mehr, wenn versucht wurde, eine Schwangerschaft über künstliche Befruchtung herbeizuführen. Arztbesuche, Planung von Behandlungsabläufen, medizinische Eingriffe absorbierten einen großen Teil der Lebensenergie und diktierten den Lebensrhythmus. Viele Paare praktizierten Sex nach Kalender. Manche verzichteten auf anstrengende Sportarten, andere stellten ihre Ernährung um. Sie haben dies alles gemeinsam entschieden und getragen für ein Kind, das nicht da war. Nichts sollte versäumt werden, was den Herzenswunsch greifbarer erscheinen ließ.

Mit der Entscheidung, sich von der Gründung einer eigenen Familie zu verabschieden, wird auch der bisherige Lebensentwurf bedeutungslos. Das gemeinsame Ziel, auf das die ganze Aufmerksamkeit gerichtet war, entfällt. Es entsteht ein Vakuum. Erschwerend kommt hinzu, wenn sich Paare aus Scham und Angst, nicht verstanden zu werden, von ihren Familien und Freunden zurückgezogen haben und jetzt feststellen, dass sie überhaupt keine oder nur noch wenige soziale Kontakte haben.

Die Leere auszuhalten, bis sie mit neuen Inhalten gefüllt werden kann, ist äußerst schwierig. Depression bis hin zu suizidalen Gedanken können die Folge sein. Und die Versuchung ist groß, das Loch durch übertriebenen Aktionismus oder gar einen neuen Partner zu stopfen.

Rückblick

Mit dem Blick zurück auf die vergangenen Monate und Jahre beginnt die eigentliche Arbeit des Loslassens. Es war eine schwierige und schmerzhafte Zeit, geprägt von emotionalen Wechselbädern. Eine Zeit der Entbehrungen, die nicht zum gewünschten Erfolg geführt hat. Dies zu akzeptieren tut weh. Dennoch ist es wichtig, dass Sie diese Phase in Ihr Leben integrieren und zu der Einsicht gelangen, dass sie einen Sinn hatte, nicht umsonst oder gar verloren war. Sie haben mit Ihrem Partner um die Erfüllung Ihres Lebenstraums gekämpft und müssen sich nicht vorwerfen, etwas versäumt zu haben. Sie haben gemeinsam eine Krise überstanden, und vielleicht hat Sie diese Erfahrung noch mehr zusammengeschweißt.

Neuorientierung

Am Ende des Trauerprozesses steht die Neuorientierung. Alle Phasen des Abschieds sind durchlaufen und die nicht verwirklichte Elternschaft kann angenommen werden. Nun ist es an der Zeit, neue Lebenskonzepte zu entwickeln – allein und gemeinsam mit dem Partner. Die Energie, die so lang an den Kinderwunsch gebunden war, steht Ihnen wieder zur Verfügung. Nutzen Sie diese frei gewordenen Ressourcen! Erinnern Sie sich: Welche Träume, Leidenschaften gab es in Ihrem Leben, bevor der Kinderwunsch alles dominierte? Vielleicht wollten Sie mehr von der Welt sehen, ein Instrument oder eine Sprache erlernen. Gab es Karrierepläne? Natürlich wird eine Berufstätigkeit oder ein Hobby niemals ein Kind ersetzen. Aber mit neuen Projekten werden Sie erfahren, dass Ihr Leben auch ohne Kind sinnvoll und ausgefüllt sein kann.

Hilfen beim Abschiednehmen

Patentrezepte, wie die Zeit des Abschiednehmens und Loslassens einfacher wird, gibt es nicht. Jeder Mensch reagiert auf eine Lebenskrise anders. Und was dem einen hilft, muss für den anderen nicht das Richtige sein. Deshalb ist jedes Paar gefordert, sich auf seine eigenen Möglichkeiten zu besinnen. Wie ist es bisher gelungen, mit einem Verlust, einer Kränkung, einem schwierigen Lebensumstand fertig zu werden? War das Gespräch mit guten Freundinnen oder Betroffenen hilfreich? Brachte eine psychologische Beratung, ein Ritual oder eine Reise Klärung? Finden Sie heraus, was Ihnen bei der Verarbeitung helfen kann und ob Sie Hilfe annehmen wollen.

Das Ritual – Schwelle in ein neues Leben

Rituale begleiten den Menschen durch sein Leben, oftmals ohne, dass sie als solche wahrgenommen werden. Zur Anwendung kommen sie bei Taufe, Hochzeit oder Geburtstag, aber auch im normalen Tagesablauf, in Form des gemeinsamen Liedes vor Schulbeginn oder des allabendlichen Teetrinkens. Die Bedeutung von Ritualen ist jedoch in unserem Kulturkreis weit gehend in Vergessenheit geraten. Sie sind verkümmert zu inhaltsleeren, zum Teil konsumorientierten Ereignissen. Dabei sind sie von ihrem Ursprung her ausdrucksstarke Handlungen, die bestimmte Begebenheiten symbolisieren und das Leben strukturieren. In früheren Zeiten hatten sie einen festen Platz in der westlichen Welt, waren selbstverständlicher Bestandteil bei einschneidenden Veränderungen im Leben eines Menschen, wie Pubertät, Heirat oder Tod. Sie dienten einem bewussten Innehalten an der Schwelle von einem alten zu einem neuen Lebensabschnitt, minderten die damit verbunden Ängste und Unsicherheiten und gaben Halt. Aber auch zur Bewältigung von Lebenskrisen wurden Riten herangezogen. Bei vielen Naturvölker spielen sie nach wie vor eine große Rolle, und in jüngster Zeit haben unterschiedliche Psychotherapien die heilende Kraft von Ritualen wieder entdeckt.

Auch Sie können sich diese Wirkung zu Nutze machen. Besonders Paare profitieren von dieser Form des Sichverabschiedens. Im gemeinsamen Planen und Ausführen wird das Zusammengehörigkeitsgefühl gestärkt.

Welche Form die richtige ist, ergibt sich aus dem jeweiligen Lebenszusammenhang. Wichtig ist, dass Sie ein Ritual entwickeln, das zu Ihnen und Ihrem Partner passt. Nehmen Sie sich Zeit dafür und schaffen Sie sich einen Rahmen, der sich von Ihrem Alltag abhebt. Lassen Sie dabei Ihrer Fantasie und Ihrer Ausdrucksmöglichkeit freien Lauf. Machen Sie sich noch einmal bewusst, von was Sie sich verabschieden wollen und suchen Sie sich einen Gegenstand, der diesen Abschied am besten symbolisiert. Das kann ein Stein, eine Feder oder ein selbst gemaltes Bild sein. Aber auch ein Brief an das nie geborene Kind, in dem Sie Ihre Gedanken zum Ausdruck bringen. Führen Sie mit Ihrem Symbol einen Dialog und legen Sie sinnbildlich Ihren Schmerz und Ihre Verzweiflung hinein. So wird der bis dahin bedeutungslose Gegenstand zum Träger Ihrer Gefühle. Im nächsten Schritt suchen Sie sich einen Ort für Ihre rituelle Handlung. Welchem Element wollen Sie Ihr ungeborenes Wunschkind übergeben? Ist es das Wasser als Strom des Lebens? Oder soll es an den Wurzeln eines Baumes liegen, den Sie mit Ihrem Mann pflanzen? Achten Sie darauf: Je mehr Sie sich mit der rituellen Handlung verbinden, desto heilsamer ist die Wirkung.

» Wir, mein Freund und ich, hatten das Bedürfnis, uns von unserem ungeborenen Kind zu verabschieden. Da wir an einem Fluss wohnen, kamen wir auf die Idee, ein Schiff zu basteln und dieses dem Wasser zu übergeben. Zuerst wollten wir ein Papierschiff falten, doch das ist uns nicht gelungen. Wir haben dann ein Stück Styropor als Boot genommen, ein Stöckchen als Mast hineingesteckt und es mit Blumen und einer Kerze geschmückt. Unser Ritual gemeinsam vorzubereiten, war eine sehr innige Erfahrung, die sogar etwas Leichtes hatte. Als es dunkel wurde, sind wir zum Fluss gegangen, haben die Kerze angezündet und das Schiff mit den Worten ›Geh auf deine Reise‹ zu Wasser gelassen. Dieser Moment war sehr bewegend. Anschließend sind wir noch lange neben dem Schiffchen hergegangen. Wir haben an diesem Tag viel zusammen geweint, und es hat weh getan. Aber ich habe dieses Ritual als sehr tiefen seelischen Moment erlebt, der uns noch näher zueinander gebracht hat. Und es war für mich eine Möglichkeit, das Kind symbolisch loszulassen. «

Anna, 39 Jahre

Wenn Sie einen Zugang zu Ritualen finden und feststellen, dass Sie davon profitieren, können rituelle Handlungen während des gesamten Abschiedsprozesses hilfreich sein.

Anerkennung der Leistungen – Entsorgung von Altlasten

Paare mit Kinderwunsch blicken in der Abschiedsphase auf eine Zeit zurück, in der sie auf vieles verzichtet, körperliche Strapazen und weite Wege auf sich genommen haben. Sie haben Höhen erlebt in Phasen, die Raum für Hoffnung ließen, und sind immer wieder abgestürzt. Auch wenn alle Bemühungen nicht zum gewünschten Erfolg geführt haben, gilt es, diese Zeit anzuerkennen und in das Leben zu integrieren. Diese Jahre sind keineswegs verloren. Auf dem langen, beschwerlichen Weg haben sie erlebt, dass sie sich aufeinander verlassen können, auch in einer existenziellen Krise. Viele Paare berichten, dass ihre Beziehung vertrauensvoller geworden ist und sie die Erfahrungen, so schmerzhaft sie auch waren, nicht missen wollen. Die Willkür des Lebens hat sie sensibilisiert für den Moment, hat den Blick geweitet, Freundschaften vertieft und Prioritäten neu gesetzt.

» Es war eine sehr anstrengende, aber auch lehrreiche Zeit, in der ich sehr viel dazugelernt habe. Mein Mann und ich haben einen ganz anderen Umgang miteinander als andere Paare. Darauf bin ich stolz. Das hört sich vielleicht überheblich an, aber wir wissen viel genauer, was wir voneinander wollen und was wir uns voneinander wünschen. Bei vielen, in deren Leben immer alles geregelt verlaufen ist und die sich nie richtig mit Problemen auseinander setzen mussten, ist das nicht so. Das stelle ich immer wieder fest. «

Sandra, 38

» Wir haben keine andere Wahl als es anzunehmen, als unser ganz persönliches Schicksal, uns davon nicht unterkriegen zu lassen und das Beste daraus zu machen. Was ich auf jeden Fall gelernt habe, gerade durch die sehr schlimmen Erfahrungen in meinem Leben, … sie haben mich sensibler und mitfühlender für das Leid anderer Menschen gemacht und gestärkt. «

Beitrag aus einem Internet-Forum, Juli 2003

Für Sie und Ihren Partner beginnt nun ein neuer Lebensabschnitt, den Sie am Anfang ihres Kinderwunsches vermutlich nicht im Bereich des Möglichen gewähnt und sich deshalb kaum damit auseinander gesetzt hatten. Die Umstände haben sich grundlegend geändert: Sie werden als Paar weiter durchs Leben gehen und nicht als Eltern. Um frei zu sein für diesen Weg, ist es förderlich, das, was hinter Ihnen liegt und Ihr Leben so sehr geprägt hat, abzuschließen. Dazu gehört auch, sich von dem Arzt zu verabschieden, der Sie all die Jahre behandelt und begleitet hat. Viele Paare erachten diesen letzten Kontakt als unwichtig, finden doch nun keine weiteren Therapien oder Versuche mehr statt. Doch mit diesem Menschen haben Sie eine sehr intensive und schwierige Zeit Ihres Lebens geteilt. Mit ihm gemeinsam haben Sie versucht Ihren Lebenstraum zu realisieren, an ihn waren viele Hoffnungen geknüpft. Auch wenn das Ergebnis nicht positiv ausgefallen ist, gibt es vielleicht Dinge, die gesagt werden sollten, Dank der ausgesprochen gehört. Sie machen das nicht für Ihren Arzt, der dieses Abschlussgespräch jedoch sicher zu schätzen weiß, sondern für Ihren inneren Frieden. Sie setzen damit einen bewussten Schlusspunkt hinter Vergangenes und werden dadurch frei für den Übergang in Ihr künftiges Leben.

An diesem Wendepunkt kann es auch hilfreich sein, die Entscheidung für Ihre Lebensgemeinschaft zu erneuern und sich gegenseitig zu versichern, dass Ihre Liebe trägt – auch ohne Kind. Und darauf können Sie stolz sein. Erinnern Sie sich daran, wie Sie Ihren Partner kennen gelernt und warum Sie sich in ihn verliebt haben? Wahrscheinlich waren es nicht die Qualitäten eines potenziellen Vaters, die Sie für ihn eingenommen haben. Es war wohl eher eine Fülle von Eigenschaften, die Sie dazu bewogen hat, sich mit diesem Menschen auf ein gemeinsames Leben einzulassen. Sich darauf zu besinnen und sich gegenseitig mitzuteilen, ist vor allem für den so genannten Symptomträger wichtig, bei dem die Ursache für die Unfruchtbarkeit festgestellt wurde. Denn die Gefahr besteht, dass er sich schuldig fühlt und in der ständigen Angst lebt, verlassen zu werden. Dieses Versprechen kann auch in Form eines Rituals, in einem festlichen Rahmen, zu zweit oder mit Freunden und Verwandten gegeben werden.

Stoßen Sie beim Rückblick auf Verletzungen, die Sie mit sich herumtragen, ist es an der Zeit, diese auszusprechen und zu klären, um mit Ihrem Partner möglichst unbelastet die neue Lebensphase anzutreten. Nur so ist sichergestellt, dass diese schwelenden Konflikte nicht in die Zukunft hineinwirken und bei Auseinandersetzungen dem Partner vorgeworfen werden. Vielleicht haben Sie sich in einer bestimmten Situation allein gelassen gefühlt oder Ihr Partner ist nicht so auf Ihren Schmerz und Ihre Trauer eingegangen, wie Sie sich das gewünscht haben. Nicht selten stellt sich im Gespräch heraus, dass nicht etwa Gleichgültigkeit der Grund für dieses Verhalten war, sondern Hilflosigkeit.

In den Seminaren der Psychotherapeutin Christine Büchl ist diese Aussprache fester Bestandteil. Die Paare sitzen sich mit der Aufgabe gegenüber, folgende Sätze zu ergänzen: »*Was ich immer wieder mit dir erleben möchte …*«, und »*Was ich nie wieder mit dir erleben möchte …*«. Diese Methode ermöglichte es einer Teilnehmerin, ihrem Mann endlich zu sagen, dass sie zutiefst verletzt war, als er nach einer Ausschabung Zeitung lesend an ihrem Bett saß. Jahrelang hatte sie diese Enttäuschung in sich getragen, ohne darüber zu sprechen, weil sie dieses Erlebnis aus ihrem Leben verbannen wollte. Als sie erfuhr, dass ihr Mann damals am Boden zerstört war und sich völlig überfordert gefühlt hatte, konnte sie ihren Groll loslassen und ihm verzeihen.

Befreien Sie sich auch von allen »Altlasten«. Das können zum Beispiel Spritzen sein, die Sie noch zu Hause haben. Werfen Sie sie weg oder geben Sie diese in der Praxis ab. Sie brauchen Sie jetzt nicht mehr.

Hatten Sie bereits ein Kinderzimmer in Ihrer Wohnung eingeplant, dann denken Sie darüber nach, wie Sie diesen Raum nutzen wollen. Vielleicht gestalten Sie ihn nach Ihren Vorstellungen, machen Ihr Reich daraus. Auch dieser Akt hat Symbolcharakter: Ein realer Raum, der bereits verplant und mit Fantasien besetzt war, wird aus seiner Funktion entlassen und umgestaltet. Damit schaffen Sie auch innerlich Raum und Offenheit für neue Aufgaben und Inhalte in Ihrem Leben. Hatten Sie bereits Kinderkleidung im Schrank, überlegen Sie, was Sie damit machen möchten. Eine Möglichkeit ist, diese ganz bewusst einem Kind Ihrer Wahl zu schenken oder einem Heim oder Frauenhaus zu spenden. Dort kommen sie bedürftigen Kindern zugute.

Mit jedem dieser Schritte entlassen Sie sich ein Stück weit aus der schmerzhaften Vergangenheit und geben dem Leben eine zweite Chance. Ihr ungeborenes Kind wird Sie trotzdem weiterhin begleiten, aber nicht am Leben hindern.

Vorbilder

Es ist lohnend, sich auf Frauen zu besinnen, die Ihr Schicksal teilen und die Alternativen gefunden und sich ein erfülltes Leben aufgebaut haben. Das können Prominente sein, historische Persönlichkeiten, aber auch Menschen im Bekannten- und Freundeskreis, die Nachbarin oder Kollegin, junge und alte Frauen. Machen Sie sich diese zu Verbündeten und forschen Sie in deren Leben nach Erfahrungen, die Sie für sich nutzen können. Vorbilder zu haben, bedeutet nicht, die eigene Persönlichkeit aufzugeben. Sie erleichtern in schwierigen Lebenssituationen die Orientierung und mindern das Gefühl, nicht verstanden zu werden und allein zu sein.

» Ich war sehr verzweifelt, als ich mich endgültig damit abfinden musste, dass ich kein Kind haben werde. Von meinem Lebensgefährten fühlte ich mich mit meinem Schmerz allein gelassen und unverstanden, und ich hatte damals keine Freundin, der es genauso ging wie mir. Alle hatten Kinder oder sie hatten sich bewusst dagegen entschieden. Da erinnerte ich mich an meine ehemalige Supervisorin, die mich fast vier Jahre lang während meiner Tätigkeit in einer Beratungsstelle begleitet hatte. Von ihr wusste ich, dass sie auch gerne eine Familie gegründet hätte und nun ohne Kinder lebt. Sie ist ein Mensch, zu dem ich vom ersten Augenblick an großes Vertrauen hatte, und ich habe sowohl bei der Arbeit als auch privat von ihr profitiert. Ihre Vorstellungen vom Leben decken sich mit meinen und ihre Authentizität hat mich beeindruckt. Ja, vielleicht könnte man sagen, sie ist ein Vorbild – eine Frau, von der ich viel lernen und annehmen kann. Zu ihr habe ich Kontakt aufgenommen, und dieses Gespräch war für mich letztendlich das, was mir am meisten bei der Verarbeitung geholfen hat. Sie hat mir nicht einmal Tipps gegeben, sondern einfach nur von ihren Erfahrungen erzählt: wie es ihr erging und wie sie damit Frieden geschlossen hat. Dass sie inzwischen sogar Vorteile in ihrer Kinderlosigkeit sehen kann, auch wenn sie die Trauer von Zeit zu Zeit einholt. Da war kein

Funke von Verbitterung zu spüren. Sie so zu erleben, hat mir Mut gemacht. Bis zu diesem Zeitpunkt hatte ich das Gefühl, nie darüber hinwegzukommen, und ich habe mich selbst bemitleidet. Mein Blickwinkel war nur auf das gerichtet, was ich verloren habe. Durch sie habe ich begriffen, dass beides da sein darf und da sein kann: Die Trauer über den Verlust und trotzdem die Freude über all das, was das Leben sonst noch für mich bereithält. «

Rahel, 45 Jahre

Selbsthilfegruppen – Geteiltes Leid ist halbes Leid

Zu nahezu allen Bereichen des Lebens – zu sozialen und seelischen Problemen, zu Krankheit, Behinderung oder Sucht – haben sich in Deutschland seit Ende der siebziger Jahre zahlreiche Menschen in Selbsthilfe-Gesprächsgruppen zusammengefunden. Menschen, die die Entscheidung getroffen haben, ihr Schweigen und ihre oft selbst gewählte Isolation zu durchbrechen, um gemeinsam mit anderen ihre Probleme anzugehen und zu lösen. Sie machen sich das so genannte »Expertentum der Betroffenen« zu Nutze. Denn wer kann die Gefühle, Sorgen und Nöte eines Menschen in einer schwierigen Lebenssituation besser verstehen als jemand, der durch dasselbe Leid geht oder gegangen ist.

In einer funktionierenden Selbsthilfegruppe halten sich Geben und Nehmen die Waage. Die Mitglieder bringen ihre Erfahrungen, Bewältigungsstrategien und Informationen in die Gruppe ein, lernen voneinander und miteinander, wecken Hoffnung und stärken sich gegenseitig. Jeder ist Helfer, jeder ist Klient. Befindet sich ein Mitglied in einer Krise, wird es von den anderen gestützt. Dabei geht es aber nicht um Ursachenforschung, sondern vielmehr um Entlastung und Solidarität.

Wie eine Gruppe die Treffen gestaltet, entscheiden die Teilnehmenden gemeinsam. Charakteristisch für alle Selbsthilfegruppen sind jedoch folgende Merkmale:

- Die Mitglieder treffen sich regelmäßig an einem festen Ort zu einer festen Zeit.
- Jeder ist für sich selbst und für die Gruppe verantwortlich.
- Alle Mitglieder sind gleichberechtigt.
- Es gibt keine fachliche Anleitung durch eine professionelle Leiterin. Was aber nicht ausschließt, dass zu bestimmten Themen nach Absprache ein Fachreferent eingeladen wird.
- Was in der Gruppe besprochen wird, darf nicht an Außenstehende weitergeben werden.
- Die Teilnahme ist kostenlos.

Damit bei den Treffen eine vertrauensvolle Atmosphäre entstehen kann, ist es sinnvoll, sich auf bestimmte Kommunikationsregeln zu verständigen. Solche Absprachen tragen zu einem guten und fruchtbaren Miteinander bei, durch das es leicht fällt, über sehr persönliche Probleme zu sprechen:

- Jede redet über sich selbst.
- Die Teilnehmenden lassen sich gegenseitig ausreden.
- Ratschläge werden nur gegeben, wenn ausdrücklich danach gefragt wurde.
- Das Gesagte wird nicht bewertet.
- Jedes Mitglied sagt so viel, wie es bereit ist, von sich preiszugeben.

Wann kann eine Selbsthilfegruppe hilfreich sein?

Sie werden von einer Selbsthilfegruppe profitieren, wenn Sie den Wunsch haben, Ihren Abschied vom Kinderwunsch mit anderen Betroffenen zu teilen. Nicht umsonst besagt ein altes Sprichwort: »Geteiltes Leid ist halbes Leid.« Eine Selbsthilfegruppe bietet einen geschützten Rahmen, in dem Sie über alle Gefühle sprechen können, die Sie durchleben, seit Sie sich mit dem Gedanken anfreunden müssen, Ihr Leben ohne Kinder zu gestalten. Niemand wird dort verlegen schweigen oder Ihren Kummer bagatellisieren. Sie werden auf Menschen treffen, die Ihre Trauer in ihrer ganzen Dimension verstehen, denn alle hat dasselbe Schicksal ereilt. Sie können Anregungen erhalten, wie es anderen Paaren gelungen ist, die schmerzlichen Gefühle auszuhalten, zu lindern und letztendlich über den Verlust hinwegzukommen. Aber auch die Erfahrung, sich den ganzen Kummer von der Seele zu reden, mit dem Wissen, verstanden und angenommen zu werden, kann sehr entlastend sein. Insbesondere für Frauen, die verunsichert sind, sich schämen oder sich gar verurteilen angesichts der Heftigkeit ihrer Reaktion auf den Abschied, ist es hilfreich zu erleben, dass auch andere Frauen in dieser Situation trauern und leiden.

Leider gibt es bislang nur wenige Selbsthilfegruppen zu dieser Thematik. Zwar finden sich viele Paare zusammen, wenn die Hoffnung auf ein Kind noch besteht, um sich gegenseitig zu unterstützen und sich über die neuesten medizinischen Möglichkeiten auszutauschen. Geht es aber um Abschied nehmen und trauern, ziehen sie sich in die Zweisamkeit zurück. Das kann daran liegen, dass viele Paare, vor allem dann, wenn der Kinderwunsch über Jahre hinweg ihr Leben bestimmt hat, Abstand suchen und endlich wieder zu ihrem gewohnten Alltag zurückkehren wollen.

Wenn Sie glauben, der Austausch mit kinderlosen Frauen und Männern könnte Ihnen bei der Verarbeitung helfen, nutzen Sie die Kontaktstellen für Selbsthilfegruppen, die es inzwischen in vielen Städten gibt. Die Mitarbeiterinnen dieser Einrichtungen haben den Überblick über alle bestehenden Angebote und beraten, wenn Sie eine eigene Gruppe gründen wollen. Sie helfen bei der Suche nach Mitgliedern, übernehmen die Öffentlichkeitsarbeit und stellen kostenlos Räume zur Verfügung.

Zum Schluss sei noch eines gesagt: Eine Selbsthilfegruppe kann eine psychotherapeutische Behandlung, falls notwendig, nicht ersetzen, sie kann diese aber effektiv ergänzen oder unterstützen.

Wenn der Kummer am Leben hindert – Möglichkeiten therapeutischer Begleitung

Ungewollte Kinderlosigkeit ist für viele Betroffene eine traumatische Erfahrung, die sie aus ihrer gewohnten Bahn wirft. Aus Trauer droht Depression zu werden, aus nicht gelungenem Abschied Verbitterung. Aber auch die Paarbeziehung kann aus dem Gleichgewicht geraten und in ihren Grundfesten erschüttert werden, wenn sich der Traum von der eigenen Familie nicht erfüllt. Plötzlich fällt weg, was jahrelang gemeinsames Streben war. Die Rollen und Lebensziele müssen überdacht und neu definiert werden. In dieser äußerst sensiblen Zeit kann der unerfüllte Kinderwunsch zu allem Übel schwelende Konflikte und alte Verletzungen aktivieren. Menschen, die ohnehin nicht mit einem gesunden Selbstwertgefühl ausgestattet sind, sehen sich als Versager bestätigt. Viele Frauen und Männer fühlen sich in dieser Situation überfordert, und schlimmstenfalls steuert die Beziehung in eine existenzielle Krise.

Folgende Anhaltspunkte weisen auf Probleme hin, bei denen eine Therapie oder eine psychologische Beratung helfen kann:

- Die Verständigung mit Ihrem Partner über den Verlust des nie geborenen Kindes gestaltet sich schwierig, verläuft immer nach dem gleichen Muster und führt zu keinem Ergebnis oder endet im Streit.
- Sie reagieren unangemessen oder verletzend, ohne dass Sie es wollen. Zum Beispiel auf die für einen Außenstehenden neutrale Frage: Haben Sie Kinder?
- Sie sind mit Ihrem Sexualleben nicht zufrieden und sehen keine Möglichkeit, wieder zu der Sexualität zurückzufinden, die Sie vor Ihrem Kinderwunsch miteinander gelebt haben.
- Sie fühlen sich, insbesondere morgens, trotz ausreichendem Schlaf, antriebslos, müde, und das Aufstehen fällt Ihnen schwer.

- Ein Leben ohne Kinder erscheint Ihnen sinnlos und Sie können den Wunsch nach einem leiblichen Kind nicht loslassen, obwohl Sie keine Aussicht auf Erfolg haben.
- Sie leiden mehrere Wochen unter anhaltenden depressiven Verstimmungen.
- Sie haben große Schuldgefühle, zum Beispiel, weil Sie in der Vergangenheit einen Schwangerschaftsabbruch hatten oder sich vorwerfen, mit der Familienplanung zu lange gewartet zu haben.
- Ihre Beziehung leidet unter gegenseitigen Schuldzuweisungen.

Therapie oder psychologische Beratung sind keine Allheilmittel, aber ein Versuch, wieder Fuß zu fassen, wenn die Trauer übermächtig wird und die Rückkehr ins Leben verhindert. Sie fängt auf im scheinbar bodenlosen Fall und ermöglicht, die eigenen Gefühle kennen zu lernen, zu verstehen und angemessen darauf zu reagieren.

» Ich selbst habe zwei Jahre eine Gesprächstherapie gemacht, ohne die ich heute wahrscheinlich nicht der Mensch wäre, der hier sitzt. Vielleicht wäre ich auch gar nicht mehr hier. Der Versuch, alles allein zu bewältigen, hat mich fast ruiniert. Ich wollte nicht zugeben, dass ich Hilfe brauche, bis es fast zu spät war und mein Arzt die Notbremse gezogen hat. Und ich muss sagen: Er hatte Recht. Die Therapie hat mir sehr geholfen. Ich werde jetzt, ca. fünf Jahre später, nochmal in eine Therapie gehen, damit ich weiterkomme, ein aktives Leben leben kann, nicht in Sorgen aufgehe, sondern mich entwickeln kann. «

Beitrag aus einem Internet-Forum, Juni 2003

Wichtig ist, dass Sie sich aus freien Stücken für professionelle Hilfe entscheiden, denn Sie müssen bereit sein, sich zu öffnen und auf einen Entwicklungsprozess einzulassen. Das bedeutet auch, den Mut aufzubringen die eigenen Wertvorstellungen, die Partnerschaft und Vergangenheit kritisch zu hinterfragen und offen zu sein für neue Wege, die sich eventuell auftun. Wohin und wie weit es gehen soll, bestimmt jedoch immer die Ratsuchende selbst. Der Therapeut ist nur Wegbegleiter.

Paartherapie

Abschied vom Kinderwunsch ist ein gemeinsames Thema, und die Paarbeziehung gibt Halt und Sicherheit bei der Verarbeitung. Deshalb empfehlen Psychotherapeutinnen und Ärzte in der Regel eine Paartherapie oder Paarberatung. Die Probleme oder Symptome, die während der Trauerzeit auftauchen, haben viel mit der Beziehungsdynamik zu tun. Lassen sich beide auf einen therapeutischen Prozess ein, profitieren sie voneinander, denn jeder kann an der Entwicklung des anderen teilhaben.

Eine Paartherapeutin versteht sich als neutrale Person, die das Paar über einen bestimmten Zeitraum dabei unterstützt, mit seinen Schwierigkeiten besser umzugehen sowie Lösungsmöglichkeiten für Probleme zu finden. Dazu stellt sie ihr therapeutisches Know-how zur Verfügung. Mittels unterschiedlicher Methoden weist sie behutsam auf Blockaden sowie unausgesprochene oder längst verarbeitet geglaubte Konflikte hin, vermittelt zwischen den Partnern, bietet neue Verhaltensmuster an und hält durch gezielte Fragen den Interaktionsprozess in Gang. Dadurch gelingt es, festgefahrene Kommunikationsmuster und Rollen zu verändern. Die Paare lernen wieder, einander zuzuhören und den anderen in seiner Art zu trauern wahr- und anzunehmen. In den Tagen oder Wochen zwischen den therapeutischen Sitzungen haben die Partner Zeit, neue Verhaltensweisen, die sie gemeinsam mit der Psychotherapeutin erarbeitet haben, zu erproben und einzuüben. Aus Hilflosigkeit und Unverständnis können so Verstehen und gegenseitige Wertschätzung erwachsen. Der Blickwinkel für die positiven Seiten der Partnerschaft wird gestärkt, um vor diesem Hintergrund einen gangbaren Weg auch ohne Kinder zu entwickeln.

Einzeltherapie

Obwohl Kinderlosigkeit beide (be-)trifft, gibt es durchaus auch Situationen, in denen eine Einzeltherapie gerechtfertigt ist. Eindeutig ist die Entscheidung dann, wenn sich der Partner weigert, einen Therapeuten aufzusuchen, was nicht allzu selten vorkommt. Frauen sind grundsätzlich eher bereit, sich zu hinterfragen und Hilfe anzunehmen. Männer haben oft den Anspruch, ihre Probleme selbst zu bewältigen, und vielen fällt es schwer, mit anderen über ihre Gefühle oder ihren Schmerz zu sprechen.

Es kann aber auch von Vorteil sein, Raum und Zeit nur für sich alleine zu haben, ohne Rücksicht auf die Bedürfnisse des anderen nehmen zu müssen. Eine Auseinandersetzung und Neuorientierung gemeinsam mit dcm Partner muss parallel dazu trotzdem stattfinden.

Der Weg zur richtigen Therapie oder Beratung

Lassen Sie sich nicht durch die Begriffe Therapie und Beratung verunsichern, in der Regel ist das Angebot, was sich dahinter verbirgt, dasselbe. Weitaus schwieriger ist es, sich einen Überblick über die zahlreichen psychotherapeutischen Ansätze zu verschaffen, denen unterschiedliche Menschenbilder, Arbeitsweisen und Methoden zu Grunde liegen. Manche beschränken sich ausschließlich auf das Gespräch, andere versuchen zum Beispiel über Körperarbeit, Rollenspiele oder künstlerische Ausdrucksformen heilende Prozesse anzustoßen. So genannte Therapieführer, in denen die einzelnen therapeutischen Konzepte kurz beschrieben werden, erleichtern die Orientierung. Aber auch psychologische Beratungsstellen sind bei der Suche nach der richtigen Methode und einem qualifizierten Psychotherapeuten behilflich. Letztlich sollten Sie jedoch Ihr spontanes Gefühl für oder gegen eine Therapeutin entscheiden lassen, denn zum Gelingen einer Therapie trägt wesentlich bei, dass Sie Vertrauen zu diesem Menschen haben.

Bei den Krankenkassen können Sie eine Liste anfordern,

auf der alle zugelassenen Psychotherapeuten aufgeführt sind. Es handelt sich dabei hauptsächlich um Ärzte und Psychologinnen mit einer anerkannten therapeutischen Zusatzausbildung. Diese können ohne Überweisung des Hausarztes direkt konsultiert werden. Die gesetzlichen Kassen übernehmen allerdings nur dann die Kosten, wenn eine psychische Störung mit »Krankheitswert« diagnostiziert wird. Paarberatung und Sexualtherapie sind im deutschen Psychotherapeutengesetz nicht enthalten, müssen also privat finanziert werden. Das Honorar für eine Sitzung beläuft sich auf 60,- bis 120,- Euro.

Darüber hinaus gibt es auch Therapeutinnen ohne Kassenzulassung, die in der Regel nicht weniger professionell arbeiten. Eine weitere Möglichkeit bieten die Schwangerschafts-(konflikt)beratungsstellen sowie Ehe-, Familien- und Lebensberatungsstellen öffentlicher und kirchlicher Träger. Dort haben Sie laut Schwangerschaftskonfliktgesetz einen Rechtsanspruch auf Information und psychologische bzw. psychosoziale Beratung »in allen eine Schwangerschaft unmittelbar oder mittelbar berührenden Fragen«. Dazu zählt auch der Abschied vom Kinderwunsch. Für Menschen mit religiösem Hintergrund kann es hilfreich sein, bei einem Seelsorger oder einer Pfarrerin Hilfe zu suchen.

Was sonst noch helfen kann – Tipps zum Ausprobieren und Experimentieren

- Machen Sie sich eine Liste mit all den Vorteilen und Freiheiten, die kinderlose Paare genießen. Schreiben Sie sich auf, was Sie mit Ihrem Partner leben und erleben können, was als Familie nicht möglich ist.
- Planen Sie Unternehmungen, die Sie mit kleinen Kindern nicht machen können. Zum Beispiel einen Aktivurlaub oder eine Städtereise.
- Probieren Sie Dinge aus, die Sie schon lange interessie-

ren, aber bislang noch nicht angepackt haben, und öffnen Sie sich für neue Erfahrungen.
- Holen Sie alles nach, was Sie in den vergangenen Jahren auf Eis gelegt hatten.
- Überlegen Sie mit Ihrem Partner, ob und zu welchen Kindern sie einen engeren Umgang pflegen möchten, wenn Ihnen das Zusammensein mit Kindern wichtig ist und gut tut.
- Wenn Sie bestimmte Empfindungen und Erlebnisse mit eigenen Kindern verbunden haben, überlegen Sie, wie Sie diese dennoch verwirklichen können. Spaß, Lebendigkeit, Unbedarftheit, Körperkontakt usw. lassen sich auch anders ins Leben integrieren.
- Suchen Sie den Kontakt zu Menschen, von denen Sie sich angenommen und verstanden fühlen.
- Nehmen Sie Kontakt zu Paaren auf, die ebenfalls kinderlos sind.
- Sprechen Sie mit Frauen und Männern, die über den Verlust hinweggekommen und mit ihrem Leben zufrieden sind.
- Erinnern Sie sich daran, wie oft Eltern bedauern, dass sie keine Zeit füreinander und miteinander haben. Sie werden von diesen Frauen und Männern um Ihre Unabhängigkeit beneidet.
- Haben Sie den Mut, die Mutterschaft zu entmythologisieren. Es gibt mindestens genauso viele gestresste wie glückliche Mütter.

Was den Abschied erschwert – Wenn Kinder einen Zweck erfüllen sollen

Das herbeigesehnte Baby ist immer ein Kind der Liebe, und dennoch ist nicht auszuschließen, dass mit seiner Geburt Wünsche und Erwartungen verknüpft waren oder sind, die zu erfüllen nicht seine Aufgabe ist. Diese unbewussten Übertragungen und Motive entziehen sich in der Regel der Selbstwahrnehmung, können das Loslassen vom Kinderwunsch aber immens erschweren. Das Kind muss, koste es, was es wolle, auf die Welt kommen, weil ihm eine bestimmte Funktion zugedacht ist. Die potenziellen Eltern brauchen es, um eigene emotionale Defizite auszugleichen und Bedürfnisse zu befriedigen. Das Eltern-Kind-Verhältnis wird missbraucht. Die Mädchen und Jungen werden zu Selbstzweckkindern.

Verhängnisvolle Motive können sein:

- die Erwartung, ein Kind könnte die brüchige Beziehung kitten,
- die Sehnsucht nach Nähe und Zärtlichkeit,
- die Angst, im Alter allein zu sein,
- die Hoffnung, das Kind würde im Leben das erreichen, was einem selbst nicht möglich war,
- Unzufriedenheit bei der Arbeit,
- der Wunsch nach Anerkennung, zum Beispiel von den Eltern oder Schwiegereltern,
- das Bestreben, die eigene Fruchtbarkeit zu demonstrieren,
- die Hoffnung auf soziale Integration,
- das Bedürfnis, dem Leben einen Sinn zu geben,
- der Wunsch, die eigene Weiblichkeit oder Männlichkeit durch ein Kind unter Beweis zu stellen,
- der Versuch, Verletzungen aus der eigenen Kindheit wieder gutzumachen.

Bleibt der Nachwuchs aus, können die unbefriedigenden Lebensumstände nicht länger kompensiert werden, und zur Trauer um das nicht geborene Kind kommen die Unzufriedenheit und die Konfrontation mit dem Selbstbetrug und den faulen Kompromissen. Darum ist es wichtig, wenn der Abschied nicht gelingen mag, nach den Erwartungen zu forschen, die mit einer Schwangerschaft und Geburt einhergehen. Vielleicht wird die Fixierung auf eine Familie, so aussichtslos deren Realisierung auch sein mag, nur deshalb aufrecht erhalten, weil die Angst, sich den dahinter liegenden

Motiven zu stellen, schlichtweg überfordert und deshalb verdrängt werden muss. Zweifellos erfordert es Mut, eine Lebenslüge an der Wurzel zu packen. Dieser Schritt birgt aber die Chance, zu einem authentischen, selbstbestimmten Leben zu gelangen. Außerdem können viele Sehnsüchte auch ohne Kind verwirklicht werden, zum Beispiel eine berufliche Umorientierung und das Bedürfnis nach Nähe oder Anerkennung.

Es gibt ein Leben danach

Gleiches Schicksal – ungleicher Umgang

»Um meiner selbst bewusst zu sein,
muss ich mich vom anderen unterscheiden können.
Nur wo diese Unterscheidung existiert,
kann Beziehung stattfinden.«
C. G. Jung

Geradezu überschwemmt wird der Buchmarkt in den letzten Jahren mit Ratgebern, die sich der komplizierten und vielschichtigen Aufgabe annehmen, die Hintergründe des jahrhundertealten Geschlechterkampfes zu erhellen. Amüsant, anhand vieler Beispiele analysieren die Autoren minutiös, warum Männer vom Mars und Frauen von der Venus kommen, warum (angeblich) das weibliche Geschlecht nicht einparken und die männliche Spezies nicht zuhören kann. Ihr einstimmiges Fazit: In fast allen Bereichen des alltäglichen Miteinanders fühlen, denken, urteilen und handeln Frauen und Männer vollkommen unterschiedlich, was in Beziehungen für reichlich Konfliktstoff sorgt.

Für die Ursache des verhängnisvollen Geschlechterunterschieds gibt es mehrere Erklärungen. Die Ansätze reichen von kulturellen, gesellschaftlichen oder entwicklungsgeschichtlichen Einflüssen über Sozialisation und Biologie bis hin zur Macht der Medien. Auf die umfassenden Theorien einzugehen, würde den Rahmen dieses Buches sprengen. Zudem gibt es genügend Literatur, die sich ausführlich damit beschäftigt. Diesem Kapitel liegt aber die Annahme zu Grunde, dass Männer und Frauen in ihrer Emotionalität und ihrem Verhalten grundlegend differieren. Gegenseitiges Verstehen und Respekt tragen aber wesentlich zu einer Verarbeitung der ungewollten Kinderlosigkeit bei. Deshalb sollen in diesem Kapitel die Unterschiede, die in direktem Zusammenhang mit Fortpflanzung und Elternschaft stehen, im Zentrum stehen.

Ein besonderes Augenmerk richtet sich dabei auf die Männer, die bislang in diesem Ratgeber eher am Rande aufgetaucht sind. Welche Auswirkungen hat Kinderlosigkeit auf ihr Leben und wie gehen sie damit um? Selbstverständlich gibt es nicht *die* einheitliche Reaktion der Männer oder der Frauen. Jeder Mensch ist auch Individuum und als solches geprägt von seiner persönlichen Geschichte und seinen eigenen Erfahrungen.

Unterschiedliche Lebenswelten

Bereits im Kindesalter zeichnen sich die Unterschiede deutlich ab: Mädchen spielen mit Puppen, schlüpfen in die Gestalt der liebreizenden Prinzessin oder fürsorglichen Krankenschwester und identifizieren sich mit ihren Müttern. In Märchen finden sie sich in klassisch weiblichen Rollen wieder und später erfahren sie aus einschlägigen Jugendzeitschriften oder Medien, wie ein Mädchen auszusehen und zu sein hat. Jungen hingegen bevorzugen Autos, messen ihre Kräfte beim Indianerspiel, träumen vom Beruf des Astronauten und orientieren sich an ihren Vätern. Zugegeben, dieser skizzenhafte Abriss ist klischeehaft und sehr oberflächlich. Doch manches Elternpaar, das bewusst eine geschlechtsspezifische Erziehung umgehen wollte, ist kläglich gescheitert und musste erkennen, dass äußere Einflüsse oder biologische Anlagen einen nicht zu unterschätzenden Einfluss auf die Entwicklung ihres Nachwuchses haben und ein Leben lang wirken.

Zwar hat sich die Lebensplanung junger Frauen stark verändert, aber die Gründung einer eigenen Familie ist für die Mehrzahl selbstverständlich – nur zu einem späteren Zeitpunkt. In den alten Bundesländern waren verheiratete Frauen im Jahr 1980 bei der Geburt ihres ersten Kindes durchschnittlich 25,2 Jahre alt, im Jahr 2000 ca. 29 Jahre. Auch in Ostdeutschland hat sich das Alter der Erstgebärenden im gleichen Zeitraum von durchschnittlich 22,7 Jahren auf 28 Jahre erhöht.

Eine solide Schul- und Berufsausbildung hat in der weiblichen Biografie an Stellenwert gewonnen, aber nicht den Wunsch nach einem Kind ersetzt. Es ist die Rolle der »Nur-Hausfrau« und Mutter, mit der sich die meisten jungen Frauen nicht mehr zufrieden geben. Sie wollen weder auf die Anerkennung im Beruf noch auf die Erfahrungen von Schwangerschaft, Geburt und Familie verzichten. Um diese Vorstellungen zu verwirklichen, sind sie bereit, ihre berufliche Laufbahn zu unterbrechen und später die Doppelbelastung von Berufstätigkeit und Haushaltsführung auf sich zu nehmen, Karriereknick inbegriffen.

Aber auch für Männer ist eine eigene Familie Teil eines sinnerfüllten Lebens. Aus einer Auswertung von Gesprächen wird deutlich, wie vielfältig ihre Motive sind:

- »Männer mit guten Kindheitserfahrungen spüren oft einen inneren Reichtum, den sie weitergeben möchten.
- Für viele Männer erscheint das Kind als Mittel, selbst noch einmal in den Genuss mütterlicher Fürsorge zu gelangen.
- Männer idealisieren in stärkerem Maße als Frauen Kinder, die sie als Gegenpol zu ihrer beruflichen, oft sozial kalten Welt erleben.
- Gerade bei den Männern, die im Beruf wenig Erfüllung finden, sollen Kinder dem eigenen Leben Sinn oder Bedeutung verleihen.«*

Vor der weit reichenden Entscheidung zwischen Familie und Karriere stehen Männer jedoch selten. Etwa zwei Drittel aller Frauen mit Kindern unter drei Jahren bleiben auf eigenen Wunsch zu Hause und ermöglichen damit ihren Partnern zum einen berufliches Fortkommen, zum anderen die Verwirklichung ihres Traums vom Familienglück. Doch die Bereitschaft der Väter, beruflich zurückzustecken und sich aktiv an Hausarbeit und Kindererziehung zu beteiligen, ist ohnehin nicht

* J. Küchenhoff: Der unerfüllte Kinderwunsch – worunter leiden die Männer? In: Therapeutische Rundschau, Band 56, 1999, Heft 5, Seite 261

groß: Im Jahr 2000 stellte nur 1,6 Prozent der Männer beim ersten Kind einen Antrag auf Elternzeit, beim zweiten waren es immerhin 2,4 Prozent. Dieses geringe Engagement ausschließlich auf männlichen Egoismus zurückzuführen, wäre vermessen. Zum Teil sind finanzielle Zwänge ausschlaggebend für diese Entscheidung: Bei einer Befragung, die das Staatsinstitut für Familienforschung an der Universität Bamberg im Jahr 1996 durchgeführt hat, gaben drei Viertel der Männer an, vor der Geburt des ersten Kindes wesentlich mehr verdient zu haben als ihre Ehefrau. Doch auch andere, durchaus eigennützige Gründe stehen hinter dieser klassischen Rollenaufteilung. Viele haben Bedenken, den beruflichen Anschluss zu verlieren oder Karrierechancen einzubüßen. Andere befürchten, mit Vorurteilen von Seiten der Vorgesetzten und Arbeitskollegen konfrontiert zu werden. Und es gibt Männer, die sich nicht vorstellen können, zu Hause zu bleiben und niemals daran gedacht haben, Elternzeit zu beantragen.

Diese Ausführungen veranschaulichen: Die Welt, die dem Mann gesellschaftlich zugeordnet ist und über die er sich in erster Linie definiert, ist die des Erwerbslebens. Hier sieht er die Möglichkeit, sich zu verwirklichen und soziale Anerkennung zu erlangen. An einem, oberflächlich betrachtet, belanglosen Beispiel wird dies deutlich: Die Frage nach den Kindern ist für Männer zweitrangig. Wichtiger ist, welcher Arbeit sie nachgehen. Für Frauen hingegen ist diese Frage obligatorisch. Sie wird kommen – eher früher als später. Auch mit dem Vorwurf, Kinderlose seien egoistisch und nur auf ihre berufliche Karriere bedacht, sehen sich Männer seltener konfrontiert.

Vater wird man, Mutter ist man

Daten, Fakten und Zahlen erklären jedoch nur einen Aspekt des geschlechtsspezifischen Erlebens. Schwer wiegender ist wahrscheinlich die Tatsache, dass es dem weiblichen Geschlecht vorbehalten ist, menschliches Leben zu empfangen und auszutragen. Der Reproduktionsmediziner Professor Dr.

Dr. Wolfgang Würfel bringt diesen biologischen Unterschied auf den Punkt, indem er sagt: »Vater wird man, Mutter ist man.« In der Frau vollzieht sich das Wunder der Fortpflanzung, Mutter sein ist Urelement ihres Daseins. *Ihr* Körper verändert sich. *Sie* ist es, die mit Übelkeit kämpft, wenn sich Leben ankündigt. *Sie* spürt die ersten Bewegungen. Diese einmaligen körperlichen Erfahrungen kann der werdende Vater nicht nachempfinden oder gar teilen. Er ist immer nur Begleiter und Beobachter.

Frauen trauern anders – Männer auch

Vor dem Hintergrund dieser geschlechtsspezifischen Lebenswelten wird deutlich, dass der Abschied vom Kinderwunsch einen weniger gravierenden Einschnitt in den Alltag eines Mannes bedeutet als in den einer Frau. Familienleben findet für die meisten Männer nur am Abend, am Wochenende und im Urlaub statt. Eine ganztägige Berufstätigkeit bis zum Rentenalter ist die Regel. Die Frau hingegen hat in ihrem Lebensplan meistens die Gründung einer Familie berücksichtigt, vielleicht sogar die Ausbildung, den Arbeitsplatz entsprechend ausgewählt, Erziehungszeiten eingeplant. Lässt sich die Familienplanung nicht realisieren, tut sich ein leeres Blatt vor ihr auf, das neu beschrieben werden muss. Schlimmer noch: Ihr Bauch bleibt leer. Für diesen Schmerz muss keine rationale Erklärung gefunden werden – der Wunsch nach einem Kind ist eine tiefe Sehnsucht, die die meisten Frauen kennen. Der Abschied des Mannes hingegen ist abstrakter. Er verabschiedet sich von Bildern. Und deren Gestalt verdeutlicht ebenfalls das unterschiedliche Empfinden. Die Tagträume der Frau sind oft gebunden an sinnliche Erfahrungen wie körperliche Nähe, weiche Babyhaut und Stillen. Er zeigt seinem ersehnten Nachwuchs in Gedanken die Welt, spielt Fußball und lässt Drachen steigen.

Ob Männer weniger unter der nicht erfüllten Elternschaft leiden als ihre Partnerinnen, lässt sich nicht pauschal sagen. In der Regel fällt es ihnen aber leichter, in den Alltag zurückzukehren und sich damit abzufinden oder eine Haltung nach dem Motto zu entwickeln: Dann geht das Leben eben ohne Kind irgendwie weiter. Aus dieser Fähigkeit zu schließen, Männer könnten den Verlust besser wegstecken, würde vielen nicht gerecht werden. Eines jedoch ist sicher: Auf Schicksalsschläge reagieren sie häufig grundsätzlich anders. Während Frauen ihren Schmerz zeigen, das Gespräch suchen und emotionale Unterstützung einfordern – zumindest in der Beziehung und bei engen Freundinnen – geben sich Männer kontrollierter und distanzierter. Sie ziehen sich in sich zurück, verfallen in Schweigen, realisieren die veränderte Lebensperspektive und überlegen, wie es weitergehen kann. Ist dieser Prozess abgeschlossen, wird die fertige Lösung präsentiert. So entsteht leicht der Eindruck, Männer würden kaum oder gar nicht unter der Kinderlosigkeit leiden.

» Wie es meinem Partner damit geht, weiß ich eigentlich gar nicht richtig. Was er mir vermittelt ist, dass es für ihn o. k. ist. Aber wir haben wenig darüber gesprochen. Es war eher so, dass er an meinen Gefühlen teilgenommen hat. Aber er hat mir nicht gezeigt, wie es ihm damit geht. Doch das ist einfach auch seine Art. Ich glaube, er hat nie so empfunden wie ich, weil er vielleicht generell mit Dingen anders umgeht. Er konnte schneller sagen: ›Wenn nicht mit Kind, dann ohne.‹ Diese Gefühle, die mit einer beginnenden Schwangerschaft einhergehen, kennt er nicht. Da empfinden Frauen und Männer unterschiedlich. Für mich war es wichtig, darüber zu reden. Das brachte Klärung. Mit ihm war es aber immer nur dann möglich, wenn ich es eingefordert habe. Da hätte ich mir von ihm mehr Sensibilität und Nachfragen gewünscht. «

Antonia, 44 Jahre

Althergebrachte geschlechtsspezifische Klischees, die dem männlichen Geschlecht die Rolle des Ernährers und Beschützers zuschreiben, der auch in schwierigen Zeiten stark ist und einen kühlen Kopf bewahrt, verstärken dieses Verhalten.

Wird diese angebliche Souveränität von der Partnerin fälschlicherweise als Distanziertheit und Gleichgültigkeit interpretiert, kann ein verhängnisvoller Teufelskreis in Gang kommen: Sie fühlt sich allein gelassen, unverstanden und reagiert mit Vorwürfen und Anklagen. In der Hoffnung, ihrem Partner mehr Mitgefühl zu entlocken, zeigt sie vielleicht noch deutlicher ihren Schmerz. Ihr Leiden wird größer, der Mann noch »stärker«.

Unterdessen ist seine größte Sorge, dass seine Frau niemals über den Schicksalsschlag hinwegkommen wird. Nicht selten versucht er, sie zu entlasten, indem er ihr zu verstehen gibt, auch ohne Kind glücklich zu werden. Ihre Gefühle verweilen aber noch in der Vergangenheit und Gegenwart, sind gebunden an den Abschied und noch lange nicht bereit, sich mit der veränderten Zukunft auseinander zu setzen. Manchmal ist sie in ihrem Schmerz sogar so gefangen, dass sie nicht mehr in der Lage ist, die Bemühungen ihres Partners wahrzunehmen. Egal, was er tut, es ist immer falsch.

Gelingt es dem Paar nicht, gegenseitiges Verständnis füreinander zu entwickeln, sind Missverständnisse und Konflikte vorprogrammiert. Keiner von beiden fühlt sich wahrgenommen und verstanden, und im schlimmsten Fall bleibt jeder mit seinem Schmerz alleine, aus dem Gefühl heraus: Mein Partner, meine Partnerin versteht mich sowieso nicht.

Unterschiedlichkeit als Chance

Die Beziehung eine der wichtigsten Ressourcen, über die ein Paar während des Trauerprozesses verfügt. Was auf den ersten Blick als unüberwindbares Hindernis zwischen den Geschlechtern erscheint, birgt eine große Chance – nämlich, sich zu ergänzen und gegenseitig zu unterstützen. Zum Konflikt kommt es dann, wenn nur die Unterschiedlichkeit und nicht die Bereicherung wahrgenommen wird. Dem Paar steht aber sowohl die weibliche als auch die männliche Umgangsweise zur Verfügung. Es wird Zeiten geben, in denen eine eher rationale Betrachtung hilfreich ist, und Phasen, in denen eine gefühlvolle Auseinandersetzung weiterbringt. Es muss nur die Bereitschaft vorhanden sein, voneinander zu lernen und die Art des anderen wertzuschätzen. Allerdings darf nicht davon ausgegangen werden, dass die Verarbeitung immer parallel vonstatten geht. Dieser Idealverlauf kommt in der Realität äußerst selten vor. Der Weg des Abschieds ist ein gemeinsamer, aber streckenweise auch ein einsamer. Jeder trauert auch für sich: Wenn der Kollege von seinen Kindern erzählt, eine Mutter den Babysafe im Einkaufswagen durch den Supermarkt schiebt, eine Kindergartengruppe den Weg kreuzt …

Auch wenn es darum geht, neue Lebensinhalte zu entwickeln, gilt es zu zweit *und* alleine zu planen. Für manche mag es wichtig sein, ein gemeinsames Hobby oder Engagement zu finden. Für andere ist es durchaus in Ordnung, die zusätzlich zur Verfügung stehende Zeit mit eigenen Interessen auszufüllen. Wichtig ist nur, dass beide wissen, wo der Partner, die Partnerin steht, um beängstigenden Entfremdungsfantasien vorzubeugen.

Das offene Gespräch über das andersartige Erleben darf während des Trauerprozesses nicht ins Stocken geraten. Gelingt dies, gehen Kinderwunschpaare gestärkt aus dieser Zeit hervor, bestätigen Therapeutinnen und Reproduktionsmediziner. Viele Frauen und Männer stellen rückblickend sogar fest, dass jeder für sich an dieser Krise gewachsen und die Beziehung noch inniger geworden ist. Gedanken an Trennung, die während des Hoffens auf ein Kind vielleicht irgendwann einmal aufgetaucht waren, sind in der Regel dann kein Thema mehr.

Wie Sie Ihren Mann unterstützen können:

- Wenn Sie den Umgang Ihres Mannes mit der Trauer und dem Abschied nicht verstehen, vergegenwärtigen Sie sich, dass er durch eine männliche Sozialisation geprägt und bestimmten Rollenerwartungen ausgesetzt ist, denen er sich nicht ohne weiteres entziehen kann.

Auch er leidet unter der Kinderlosigkeit, aber er hat andere Verarbeitungsmechanismen als Sie. Das, was Sie äußerlich an ihm wahrnehmen bzw. nicht wahrnehmen, ist kein verlässlicher Anhaltspunkt dafür, wie er wirklich empfindet. Männer können ihre Gefühle oft nur nicht so zeigen wie Frauen.

- Sollten Sie feststellen, dass Sie in der Rolle der Hilflosen verhaftet sind und Ihr Mann den Beschützer mimt, dann sprechen Sie ihn hin und wieder von dieser Aufgabe frei. Bieten Sie ihm Ihre starke Schulter an. Auch er braucht Trost, kann seine Gefühle aber nur zulassen, wenn er weiß, dass Sie diese aushalten und er Sie nicht zusätzlich belastet.
- Versuchen Sie nicht, die Verhaltensweisen Ihres Mannes zu interpretieren. Fragen Sie nach, wenn Sie das Gefühl haben, ihn belaste die Tatsache, dass Sie ohne Kinder leben werden, wenig oder gar nicht.
- Öffnen Sie sich für die Art der Verarbeitung Ihres Partners. Sie können davon lernen, denn es gibt Situationen, in denen eine männliche Herangehensweise auch für Sie von Vorteil ist.
- Akzeptieren Sie, dass es Unterschiede gibt, und vielleicht ist es bei bestimmten Themen von vornherein besser, sich an die gute Freundin zu wenden.
- Sagen Sie ihm, was Sie gerade brauchen. Ist es Zärtlichkeit und Nähe oder wollen Sie einfach nur in Ruhe gelassen werden? So verhindern Sie, dass Ihr Partner zunehmend das Gefühl bekommt, immer das Falsche zu tun und sich schließlich resigniert zurückzieht.
- Ermutigen Sie Ihren Mann, mit anderen über seine Trauer zu sprechen. Das entlastet nicht nur ihn, sondern auch Sie.
- Achten Sie darauf, dass Ihre Beziehung nicht zu kurz kommt. Planen Sie Zeit für einander ein und schmieden Sie genussvoll Pläne.
- Teilen Sie Ihrem Mann mit, an welchem Punkt der Ver-

arbeitung Sie stehen, um möglichen Befürchtungen entgegenzuwirken, Sie könnten nie über Ihre Kinderlosigkeit hinwegkommen.
- Nimmt die Trauer über längere Zeit sehr viel Raum ein, verständigen Sie sich mit Ihrem Partner bewusst auf Zeiten, in denen Sie über Ihre gemeinsame Zukunft sprechen. Räumen Sie diesen Themen nach und nach genauso viel Bedeutung ein wie der Trauer um das nicht geborene Kind.

Was Männer für ihre Frauen tun können:

- Respektieren Sie, dass Ihre Partnerin für den Abschied vom Kinderwunsch länger braucht. Der Körper einer Frau ist dafür vorgesehen, ein Kind auszutragen. Jeden Monat wird sie mit ihrer Regelblutung daran erinnert. Eine elementar weibliche Erfahrung kann sie nicht machen. Außerdem sind die Einschnitte in ihren Lebensplan weitreichender. Vermutlich hat sie eine Erziehungsphase eingeplant, vielleicht sogar ihre beruflichen Pläne auf die Gründung einer Familie ausgerichtet.
- Zeigen Sie Ihre Gefühle und sprechen Sie darüber. Sagen Sie Ihrer Partnerin, was der Verlust für Sie bedeutet, was Sie durch die Kinderlosigkeit verlieren. Ihre Befürchtung, sie würde Ihren Kummer nicht aushalten, ist unberechtigt. Wenn Sie immer stark sind, nehmen Sie Ihrer Frau die Möglichkeit, ihre eigene Kraft und Stärke zu spüren und zu nutzen.
- Wenn Ihre Frau mit dem Abschied nicht zurechtkommt und sich durch eine Paarberatung Hilfe erhofft, gehen Sie mit, auch wenn Sie mit dem Thema aktuell kein Problem mehr haben.
- Haben Sie den Mut, sich einem guten Freund anzuvertrauen.
- Fragen Sie Ihre Frau, wie Sie sie unterstützen können.
- Stellen Sie sich darauf ein, dass es immer wieder Tage

oder sogar längere Zeitspannen geben wird, in denen Ihre Partnerin traurig ist. Mit den Jahren aber lässt der Schmerz nach, eine Narbe wird bleiben.

- Bieten Sie ihr keine schnellen Lösungen an, in der Hoffnung, ihren Kummer zu lindern. Kein spannendes Hobby und kein interessanter Volkshochschulkurs können darüber hinwegtrösten. Geben Sie ihr vielmehr zu verstehen, dass sie immer zu Ihnen kommen darf, wenn sie die Trauer einholt. Hören Sie ihr einfach zu, Sie braucht vielleicht gar nicht Ihren Rat, sondern nur Ihre Präsenz.
- Sagen Sie ihr, dass Sie auch ohne Kind das Leben mit ihr teilen wollen.

Die Kinderlosigkeit gemeinsam verarbeiten

»Wir haben gelernt, besser miteinander umzugehen.«

Uschi, 40 Jahre, Michael, 41 Jahre

Wann ist der Wunsch nach einer eigenen Familie entstanden?

Uschi: Für mich war von Anfang an klar, dass ich eine Familie will. Schon immer. Ein Leben ohne Kinder konnte ich mir nicht vorstellen.

Michael: Ich habe drei Brüder und für mich war es auch nie ein Thema, dass das anders laufen könnte. Mein Traum war eine halbe Fußballmannschaft. Das sind sechs Leute – also Kinder und Eltern zusammen.

Wie war es für Sie, als Sie erfahren haben, dass es schwierig werden könnte?

Michael: Es war schlimm. Ich komme aus einer Großfamilie, und es war eigentlich immer klar, das alles funktioniert. Außerdem habe ich mich gesund gefühlt, kerngesund, zum Bäumeausreißen. Und dann hat ihr Frauenarzt festgestellt, dass sich in meinem Spermiogramm ziemlich wenig bewegt. Bei den künstlichen Befruchtungen wurden aber trotzdem problemlos bewegliche Spermien gewonnen, und es kam auch zur Befruchtung mit der Eizelle. Aber dann ging es nicht weiter. Das Ei hat sich einfach nicht richtig eingenistet. Da dachte ich schon, dass auch zwei dazu gehören und es vielleicht doch nicht ganz allein an mir liegt.

Wie war das für Sie als Mann?

Michael: Damit habe ich überhaupt keine Schwierigkeiten gehabt. An Potenz war das bei mir nicht gekoppelt. Die Menge und Qualität war auch immer sehr unterschiedlich. Es war einfach nie nachzuvollziehen, an was es liegt, und ich werde es wahrscheinlich auch nie erfahren. Es ist eben so.

Was man zu unserer Vorgeschichte sagen muss: Wir haben ein Haus gebaut, haben beide studiert, und erst als das alles erledigt war, haben wir schnell geheiratet, die Pille weggelassen und gedacht: ›So, jetzt klappt's.‹ Aber es hat nicht geklappt. Und so hat alles angefangen. Wir waren eben auch schon 30 Jahre alt, als wir geheiratet haben, und die Uhr hat schon getickt, was vielleicht im Unterbewusstsein Druck erzeugt hat.

Uschi: Am Anfang war es gar nicht so schlimm, weil der Arzt gesagt hat, es gibt genug Möglichkeiten, wir sollen uns keinen Stress machen und das einfach locker sehen. Dann haben wir mit Inseminationen angefangen, und damit begann der Kreislauf. Nach ungefähr 15 Inseminationen ging es mit Versuchen los. Zuerst mit IVF. Ein Versuch nach dem anderen. Wir haben uns immer, wenn der Versuch nicht erfolgreich war, sofort auf den nächsten konzentriert. Das war ein Auf und Ab. Aber wir haben keine Möglichkeit gesehen, da herauszukommen. Das war wie eine Schnecke, die sich nach innen windet.

Gab es Schuldzuweisungen?

Michael: Als wir so weit waren und wussten, dass nur noch das achte Weltwunder helfen kann, da kamen schon ein paar Schuldzuweisungen. Dass ich derjenige sei, der das ausgelöst habe. Und auch, dass ich zu wenig gemacht hätte. Aber was hätte ich tun sollen? Tabletten schlucken oder sonst irgendwas? Das hat mich schon getroffen. Da hatte ich zu kämpfen, weil ich eben den Standpunkt vertreten habe, dass immer zwei dazu gehören, damit es zur Befruchtung kommt, auch beim ICSI Versuch. Ja, das war schon eine schwierige Phase.

Uschi: Ich musste das einfach mal sagen. Was habe ich alles mitgemacht während all der Versuche. Beim letzten habe ich mir 70 Ampullen innerhalb von 14 Tagen gespritzt. Und ich war doch körperlich gesund. Ob es mit einem Mann mit normaler Spermaqualität funktioniert hätte? Ich weiß es nicht. Aber das musste mal raus. Es war schon eine Schuldzuweisung. Das gebe ich zu. Aber wenn ich mir überlege, was man als Frau alles mitmacht. Ich musste nebenher arbeiten und mich konzentrieren. Das war eine sehr große psychische Belastung. Und dann kam auch noch die ganze Hormonumstellung dazu. Am Mann geht eigentlich sehr viel vorbei.

Haben Sie Situationen erlebt, in denen Sie sich nicht verstanden fühlten?

Uschi: Themen, die den Körper der Frau betreffen, die habe ich nicht mit ihm besprochen, sondern mit einer Freundin, die ich damals in der Klinik kennen gelernt habe. Und es tat einfach gut, auch mal sagen zu können: ›Heute versteht er mich gar nicht‹, oder ›Heute hat er dies oder jenes wieder falsch gemacht‹. Wenn ich ihm das sage, verletze ich ihn womöglich unbeabsichtigt. Aber wenn ich das meiner Freundin erzähle, hört sie mir zu und versteht mich.

Über was haben Sie sich geärgert?

Uschi: Ach, ich habe oft gedacht: ›Jetzt kommt er wieder und fragt, was ich will und ich will doch nichts. Er soll mich doch endlich in Ruhe lassen.‹

Michael: Um es auf den Punkt zu bringen: In diesen Phasen konnte ich überhaupt nichts richtig machen. Entweder war ich zu cool oder ich hatte das Helfersyndrom. Aber ich wollte sie doch nur unterstützen und dachte, jetzt muss ich stark sein. Ich habe mich immer bemüht, aber ich wusste nie, was bei ihr ankommt. Alles, was ich gemacht habe, war falsch. Das war sehr schwierig, und da kann ich nur dazu raten, an einem Paarseminar teilzunehmen.

Uschi: Michael hätte doch nur mal sagen müssen, dass es ihm auch schlecht geht und dass er traurig und verzweifelt ist. Dann hätte ich nicht immer die Rolle der Hilfsbedürftigen gehabt und wir wären auf einer Ebene gewesen.

Michael: In dem Therapieseminar für ungewollt kinderlose Paare wurden an einem Tag Frauen und Männer getrennt. Das war sehr wohltuend, weil man gesehen hat, es geht jedem so. Man ist kein Einzelfall. Man tappt als Mann immer von einem Fettnäpfchen ins andere. Einmal reagiert die Frau gereizt, dann hat man den Eindruck, sie ist depressiv, ist in einem tiefen Loch. Dann spricht man mit ihr, dann ist es nicht recht, weil man zu viel redet. In diesem Moment wäre es vielleicht besser gewesen, sie nur in den Arm zu nehmen und still zu trösten. Aber spricht man nicht, dann heißt es: ›Warum redest du nicht mit mir?‹

Wie haben Sie schließlich zu einem Schlusspunkt gefunden?

Uschi: Ich möchte das Thema Kinderwunsch nicht abschließen. Erstens kann ich das nicht und zweitens möchte ich das nicht. Ab einem gewissen Alter ist es so oder so der Natur überlassen, dass sich der Körper umstellt, und ich weiß ja, dass das irgendwann kommen wird. Allerdings habe ich jetzt kein Bedürfnis, einen neuen Versuch zu starten.

Warum haben Sie sich dafür entschieden, mit den Versuchen aufzuhören?

Uschi: Der letzte Versuch war einzigartig. Das war die Eileiterschwangerschaft mit meinen Zwillingen. Für mich war das meine Schwangerschaft.

Michael: Da haben wir beim Frauenarzt zum ersten Mal etwas beim Ultraschall gesehen. Er sagte, das könne sogar ein Herzschlag sein.

Uschi: Ja, man hat das gesehen, den Herzschlag, bei beiden.

Michael: Die paar Tage, also das war wirklich die schönste Zeit. Als wir in die Apotheke gegangen sind und dort ohne Zuzahlung die Medikamente bekommen haben – das konnten wir gar nicht glauben. Da hat man sich gefühlt, so …

Uschi: … wie mit einem dicken Bauch. Ich dachte, jetzt habe ich es geschafft. Das war ein unglaublich langer Weg und jetzt bist du so weit, wie du wolltest. Das war eigentlich für mich … ja, das war's. Aber kurz darauf wurde eine Eileiterschwangerschaft diagnostiziert. Das war für mich die Hölle. Das war …

Michael: … wie eine Keule, die man volle Breitseite ins Gesicht bekommt. Und da dachte ich, so kurz rechts von der Autobahn runter, gegen einen Baum, dann war's das. Wochen später stellten wir fest, dass wir beide ähnliche Gedanken hatten.

Uschi: Gott sei Dank hat sie keiner ausgesprochen.

Michael: Da war ich tief am Boden. Und dann ging es weiter. Sie hat es eigentlich nur einem sehr guten Oberarzt zu verdanken, dass es ohne Komplikationen ausging, weil der Eileiter kurz vor dem Platzen war und die zuständige Ärztin die Lage nicht so dramatisch eingeschätzt hatte. Das war eine Situation auf Leben und Tod und das führte zu der Einsicht: Jetzt müssen wir aufhören mit den Versuchen. Das war das Aha-Erlebnis.

Uschi: Ich habe mich danach gefragt: ›Kinderwunsch um jeden Preis? Sogar auf Kosten des eigenen Lebens?‹

Michael: Also ich hätte schon früher aufgehört. Ich war nicht so darauf versessen, einen Versuch nach dem anderen zu machen. Außerdem habe ich gesehen, mit wie viel Chemie meine Frau vollgepumpt wurde. Ich dachte, das kann nicht gesund sein, und ich hatte Angst vor eventuellen Spätfolgen. Das war das eine. Das andere war der Gedanke, wenn es sein soll, dann wird es auch so funktionieren. Und wenn es nicht funktioniert, dann muss es irgendeinen Grund dafür geben, den wir nicht kennen und den wir auch nie erfahren werden, der aber vielleicht seine Berechtigung hat. Natürlich wollte ich Kinder. Ich wusste aber auch, dass es ihr noch wesentlich mehr bedeutet als mir. Ich konnte einfach nicht sagen: ›Jetzt hör auf.‹ Darauf hätte sie gar nicht reagiert. Es war wirklich schwierig, von meiner Seite aus die Bremse zu ziehen. Insbesondere natürlich auch unter der Voraussetzung, dass womöglich doch ich der Schuldige bin. Also bin ich immer mitgegangen. Ich habe ja auch nicht viel zu tun gehabt. Aber für mich war das Aufhören dann eine Erleichterung.

Ist Ihre Kinderlosigkeit noch ein Thema zwischen Ihnen?

Michael: Es hat Phasen gegeben, da hätte ich gar nicht mit ihr darüber sprechen wollen, um das Thema nicht wieder aufzuwühlen. Aber inzwischen ist es so, dass es durchaus Zeiten gibt, in denen wir darüber reden, allerdings nicht mehr in der Intensität wie früher. Manchmal denken wir sogar: ›Wir haben es doch gut ohne Kinder.‹

Uschi: Aber man ist eben ein bisschen Außenseiter. Insbesondere, wenn ich mich mit Frauen treffe und ich die einzige bin, die keine Kinder hat.

Was erleben Sie jetzt, wenn man Sie fragt, haben Sie Kinder?

Uschi: Ich sage: ›Nein, ich habe keine Kinder.‹ Oft ist es so, dass die anderen erschrecken. Habe ich jetzt irgendetwas Falsches gefragt? Aber ich sage nie mehr, weil ich denke, das geht niemanden etwas an.

Michael: Ich kann inzwischen locker damit umgehen, obwohl ich auch nichts über den Grund sage. Aber je älter wir werden, desto weniger fragen sie. Man hört ab und zu mal: ›Ihr habt es aber gut, doppeltes Gehalt und überhaupt.‹

Wie sieht Ihr Leben jetzt aus?

Uschi: Ich habe einfach versucht, oder wir beide haben versucht, unser Leben anders zu gestalten. Wir haben jetzt viel Freiraum. Das hatte ich vorher nie. Durch die ganzen Versuche war die Zeit dafür nicht da. Für mich war es wichtig, wieder rauszugehen und mit Frauen zu sprechen – nicht nur über den Kinderwunsch. Dabei ist mir bewusst geworden, dass andere auch Probleme haben. Diese Einsicht ist ganz wichtig. Und gemeinsam? Ja, unser gemeinsames Hobby Tanzen haben wir nie aufgegeben. Und sonst ist es so, dass jeder versucht, etwas Eigenes zu haben. Früher waren wir immer zusammen. Wir waren richtig aneinander gekettet. Je mehr Versuche wir gemacht haben, umso schlimmer wurde das. Jetzt wird die Beziehung wieder offener, und das ist schön.

Michael: Das Klammern war bei uns sehr krass. Aber inzwischen ist es so: Ich habe montags Volleyball, dienstags Volkshochschulkurs, mittwochs ist sie beim Sport, donnerstags sind wir beide zu Hause, freitags gehen wir tanzen. Wir haben endlich angefangen, das Leben zu genießen. Je älter wir werden, desto mehr genießen wir ein gutes Essen, einen Kurzurlaub, einfach mal relaxen.

Uschi: Sonntag ist der Tag, der für uns da ist. Dann kochen wir was Gutes und machen es uns gemütlich.

Michael: Beim Zurückblicken haben wir festgestellt, dass wir bisher eigentlich gar nichts gehabt haben von unseren besten Jahren. Die Zeit ist so schnell vorbeigegangen. Wir waren eigentlich immer nur unter Druck. Dazu kam, dass wir mit fast niemanden darüber geredet haben. Auch meine Mutter hat nie erfahren, was wir auf uns geladen haben.

Welche Schwerpunkte setzen Sie jetzt?

Uschi: Früher war die Arbeit für mich sehr wichtig. Das war fast das Thema Nummer eins. Das war zwar nie mein Traumjob, aber als ich die Lehre angefangen habe, dachte ich, irgendwann wirst du sowieso schwanger. Wenn ich früher gewusst hätte, dass ich keine Kinder haben werde, hätte ich etwas anderes gemacht. Und jetzt versuche ich, kürzer zu treten. Ich mache meine Arbeit, ich mache sie gut, aber das war's. Wenn ich weiterkommen will, muss ich mehr arbeiten, das heißt, ich wäre seltener zu Hause, ich könnte unsere Wohnung nicht so oft genießen. Ich leiste es mir, nur 70 Prozent zu arbeiten.

Michael: Wir haben festgestellt, es gibt auch noch andere schöne Dinge.

Uschi: Man lernt einfach, anders zu leben. Ich würde sagen bewusster. Ich versuche mehr im Hier und Jetzt zu leben.

Michael: Wir genießen den Garten und die Natur. Unsere jüngste Errungenschaft ist ein Pflanzenbuch, um zu sehen, was bei uns wächst, und wir haben ein Buch über die Vögel, die bei uns die Hecken bevölkern.

Uschi: Wenn ein Vogel vorbeifliegt, schlagen wir nach. Früher wäre der vorbeigeflogen und das war's dann. Solche Kleinigkeiten erleben wir jetzt bewusster. Wenn wir das Ganze nicht erlebt und Kinder bekommen hätten, dann würden wir manches nicht so intensiv wahrnehmen. Wir hätten gar nicht die Zeit dazu. Die Kinder wären dann im Vordergrund und nicht das, was die Natur und das Leben bieten.

Michael: Vielleicht wären wir schon lang geschieden, wie so viele andere im Bekanntenkreis – alle mit Kindern … Für unsere Beziehung hat der Prozess, den wir in den ganzen Jahren durchgemacht haben, schon viel gebracht. Natürlich haben sich uns etliche Hindernisse in den Weg gestellt. Einige konnten wir umschiffen, andere nicht. Es war nicht leicht, und wir haben viel investiert – an Zeit, an Geld. Aber wir haben wertvolle Bekanntschaften gemacht und viel gelernt. So gesehen hat es auch etwas Positives. Später wird es zwar so sein, dass kein Kind bei uns herumrennt. Aber bis dahin ist es wieder ein Prozess von 10, 15, 20 Jahren, und vielleicht ist die Problematik in dieser Zeit noch weiter abgeflacht.

Uschi: Das denke ich nicht. Mich wird das ein Leben lang begleiten. Mit 60 hätte ich sicher gerne einen Enkel, den ich im Kinderwagen spazieren fahren kann. Aber bestimmt ist manch eine Mutter froh, wenn sie ihr Kind für eine Stunde abgeben kann. Mal sehen, was kommt.

Wenn Sie jetzt zurückblicken, welches Fazit ziehen Sie?

Uschi: Dass wir momentan auf dem richtigen Weg sind.

Michael: Wir haben einen schweren, langen Weg hinter uns, der mit Sicherheit auch noch nicht zu Ende ist. Aber wir haben wichtige Erfahrungen gemacht, die ich nicht missen möchte. Wir haben gelernt, besser miteinander umzugehen. Jeder hat seine Freiräume. Und dadurch, dass wir gelernt haben, das Leben auch ohne Kinder zu genießen, stellt sich vielleicht irgendwann die Frage: ›Warum brauch' ich überhaupt Kinder?‹ Wir erweitern laufend unseren Horizont und erkennen immer wieder neue schöne Dinge, die uns viel bedeuten.

Begleiten tut es mich wahrscheinlich trotzdem mein Leben lang. Aber es wird weiter in den Hintergrund geraten. Zwar wird es immer wieder Phasen geben, in denen der Gedanke hochkommt: ›Warum hast du das nicht geschafft?‹ Aber es macht mir nicht mehr so viel aus. Während den Versuchen ist man einfach immer wieder in ein ganz tiefes Loch gefallen. Sagen wir mal, die Löcher sind immer flacher geworden, und irgendwann sind es vielleicht gar keine Löcher mehr. Auf diese Weise wird es einmal gelingen, die Kinderlosigkeit hinter sich zu lassen. Zumindest als Mann, denke ich.

Hoffen Sie noch auf ein Kind?

Michael: Eigentlich gehe ich jetzt davon aus, dass nichts mehr passiert. Es ist wunderschön, wenn man so Kleine um sich hat. Aber es ist so, dass wir manchmal denken: So ein Mittag mit Kindern, der reicht uns. Ein eigenes Kind würde das jetzige Leben total über den Haufen werfen. Also irgendwie weiß ich gar nicht, ob ich es überhaupt noch möchte.

Uschi: Der endgültige Abschied vom Kinderwunsch kommt spätestens mit den Wechseljahren. Wir haben uns das Leben nun anders gestaltet. Angenommen, ich würde doch noch schwanger werden, wäre das schön. Aber ich habe mir inzwischen ein Leben aufgebaut, das auch ohne Kinder lebenswert ist.

Umgang mit Schuldgefühlen

Schuldgefühle und Selbstvorwürfe vergiften das Leben und fesseln an die Vergangenheit. Erst wenn es gelingt, sich von diesem Ballast zu befreien, wird der Blick in die Zukunft ungetrübt. Zwar ist die Versuchung groß, nach Gründen zu suchen, warum sich das Lebensziel nicht erfüllt hat. Antworten erwecken den Anschein, die Kontrolle über das Leben wiedergewonnen zu haben. Erklärungen vermitteln die Illusion von Halt und Sicherheit. An der Gegenwart wird sich jedoch nichts ändern. Das Gedankenspiel »wenn, ... dann« ist zermürbend. Geschehenes wird dadurch nicht ungeschehen. Und niemand kann wissen, welche Richtung das Leben eingeschlagen hätte, wären die Würfel anders gefallen.

Kinderlose Frauen klagen sich an, weil sie:

- in früheren Jahren einen Schwangerschaftsabbruch hatten,
- die Familiengründung zu lange hinausgeschoben haben,
- zu lange beim falschen Mann geblieben sind,
- sich gegen reproduktionsmedizinische Versuche entschieden haben,
- nicht mehr die Kraft hatten, weitere künstliche Befruchtungen auf sich zu nehmen,
- die Diagnose »unfruchtbar« tragen.

Diese Aufzählung ließe sich noch weiter fortsetzen. Ist man erst einmal ins Grübeln verfallen, finden sich viele Gründe, um sich selbst zu verurteilen. Aber die Suche in der Vergangenheit bringt nicht weiter. Sie haben zu einem bestimmten Zeitpunkt an einer Weggabelung ihres Lebens so gehandelt, weil die Umstände andere waren als heute. Es gab Gründe, die Ihre damalige Entscheidung durchaus rechtfertigten, auch wenn sie sich im Nachhinein als falsch entpuppte. Sie ist Teil der persönlichen Entwicklung und muss in die Biografie integriert werden. Auch wenn sie mit Ihrem jetzigen Erfahrungsschatz anders ausfallen würde.

Sicher, es ist nicht einfach, sich damit auszusöhnen. Sollte es nicht gelingen, die nagenden Schuldgefühle loszulassen, kann es hilfreich sein, sich gedanklich neben die um Jahre jüngere Frau zu stellen und sie zu Wort kommen zu lassen. Wie hat sie sich damals gefühlt? Was waren ihre Beweggründe für diesen Schritt? Wie sahen die Lebensumstände aus? Hören Sie ihr genau zu und respektieren Sie die Antworten. Vor diesem Hintergrund und in diesem Lebenskontext war ihr Handeln richtig. Gibt es etwas zu bedauern, so lassen Sie diese Gefühle zu. Nehmen Sie sich in Gedanken selbst in die Arme, spenden Sie sich den Trost, den Sie brauchen und sprechen Sie sich von jeglicher Schuld frei. Nur Sie können das tun.

Am schwersten fällt das Sich-selbst-Verzeihen bei einem zurückliegenden Schwangerschaftsabbruch. Menschen mit einem religiösen Hintergrund können ihre Unfruchtbarkeit sogar als »Strafe Gottes« deuten. Aber auch hier gilt es, zu akzeptieren, dass der weit reichende Entschluss vor dem Hintergrund denkbar ungünstiger Umstände getroffen wurde, der Schwangerschaftsabbruch das kleinere von zwei Übeln war. Keine Frau trifft diese Entscheidung leichtfertig und zu Recht geht sie davon aus, später erneut schwanger zu werden, denn sie hat sich nicht grundsätzlich gegen Kinder entschieden. Und die meisten Frauen, die abgetrieben haben, werden zu einem späteren Zeitpunkt Mutter.

» Ich war 18 Jahre alt und in Ausbildung, als ich schwanger wurde. Der Vater des Kindes war nicht einmal bereit, mit mir darüber nachzudenken, wie es möglich sein könnte, das Baby zu bekommen. Für ihn war klar: Es muss weg. Ich habe mich damals nicht in der Lage gesehen, ein Kind allein großzuziehen. Wie unter Trance habe ich mich seinem Willen gebeugt. Er hat mich nicht einmal begleitet. Eine Freundin war bei mir.

Ich habe lange gebraucht, bis ich darüber hinweggekommen bin, und noch heute denke ich von Zeit zu Zeit an dieses Kind. Es begleitet mich. Und immer wieder bin ich auch traurig, dass es nicht auf dieser Welt ist. Dann vergegenwärtige ich mir die Situation, in der ich damals war, und vor allem wie ich war, nämlich sehr jung, unselbstständig und völlig überfordert. Ich konnte mit kaum jemandem darüber reden, Schwangerschaftsabbrüche waren zu dieser Zeit illegal und eine große Schande. Es bringt nichts, heute damit zu hadern, denn ändern kann ich es nicht mehr. Obwohl ich mit meinem jetzigen Mann keine Kinder habe, weiß ich, dass ich mich zu dem damaligen Zeitpunkt und unter diesen Voraussetzungen nicht anders entscheiden konnte. Damit habe ich mich schon lange ausgesöhnt. «

Rahel, 45 Jahre

Die Last der Diagnose

Lange kursierte die Meinung, dass fast ausschließlich das weibliche Geschlecht dafür verantwortlich ist, wenn sich das Wunschkind nicht einstellt. Das Sperma eines Mannes wurde oft erst dann untersucht, wenn seine Partnerin sämtliche diagnostischen Möglichkeiten ergebnislos hinter sich gebracht hatte. Inzwischen weiß man, dass die Ursachen auf beiden Seiten zu suchen sind. Etwa bei der Hälfte der Paare, die ein Fertilitätszentrum aufsuchen, stellen die Ärzte beim Mann eine eingeschränkte Zeugungsfähigkeit fest.

Die Auseinandersetzung über die Gründe der Unfruchtbarkeit und die damit einhergehende Dynamik findet meistens in den ersten Jahren des Kinderwunsches statt: Den Partner, bei dem die Ursache für die Unfruchtbarkeit diagnostiziert wurde, quält oft die Angst, verlassen zu werden. Gleichzeitig hat er Schuldgefühle, dem »Gesunden« die Fruchtbarkeit zu rauben. Nicht selten erwägt er, den anderen freizugeben. Auch der setzt sich mit der Möglichkeit auseinander, mit einem neuen Partner das Wunschkind zu zeugen. Diese Reaktionen sind normal und kommen bei vielen Paaren vor. Leichter haben es die, bei denen die Ärzte sowohl beim Mann als auch bei der Frau eine Störung der Fruchtbarkeit diagnostiziert haben.

» In der ersten Zeit unserer Ehe hatte ich schon Angst, dass er seine Sachen packt und geht. Für ihn war eben eine Ehe ohne Kinder keine Familie. Er ist Italiener und für ihn haben Kinder eine große Bedeutung. Ich wollte das ja auch gerne, aber es ging nicht. Er hat mich das schon ab und zu spüren lassen, dass ich ihm nicht das geben konnte, was er sich so sehr wünschte. Darunter habe ich gelitten und ich habe oft gesagt: Warum hast du mich nur geheiratet? Es hat mir weh getan und ich habe oft geweint – alleine. Aber ich konnte doch nichts daran ändern. «

Rosa, 71 Jahre

Insbesondere »unfruchtbare« Männer fühlen sich schuldig, weil sie bei den reproduktionsmedizinischen Eingriffen außen vor bleiben. Die Partnerin muss langwierige und belastende Behandlungen über sich ergehen lassen. Er, der für gewöhnlich handelt, steht tatenlos daneben und hat wenig Einfluss auf einen positiven Ausgang. Noch schwieriger wird es, wenn sein Selbstbewusstsein angegriffen ist, weil er Zeugungsfähigkeit mit Männlichkeit und Potenz gleichsetzt.

» Ich habe in meinem Leben keine Frau schwanger gemacht. Lange Zeit kokettierte ich bei der Frage nach Verhütungsmethoden mit der kühnen Behauptung, dass ich unfruchtbar sei. Das erste Spermiogramm mit dem Ergebnis, dass ich tatsächlich nahezu unfruchtbar bin, mit einer kläglichen Anzahl gesunder Spermien, hat mich sofort bestätigt in meinem dumpfen Gefühl und mich eine geraume Zeit wie in Trance versetzt. Gedanken wie: ›Ich bin zu schwach, ich bin unfähig, ich bin nicht vollwertig, ich bin nicht Manns genug, ich bring's nicht‹ – Aussagen, die mich in eine vorpubertäre

Zeit zurückversetzten. Der kleine Junge, der ungeduldig aufs Mannwerden wartet und gleichermaßen Angst hat, es zu werden und es nicht zu werden. … Mehrere Inseminationen blieben erfolglos. Immer wieder holte mich der Gedanke ein: ›Ich hab's ja immer gewusst.‹ Es entstand eine innere trotzige Haltung gegenüber den diversen Versuchen, die wir zur Erfüllung unseres Kinderwunsches unternahmen. Ich kann mir diese Haltung nur als Reaktion auf zwei unterschiedliche Attacken erklären, denen ich mich ausgesetzt sah: zum einen der Einsicht in meine Unfähigkeit, die Unfruchtbarkeit selbstbewusst und nüchtern anzunehmen, und zum anderen dem Schuldgefühl, der Verursacher der Kinderlosigkeit in unserer Beziehung zu sein. «

Martin, 45 Jahre

Erstaunlicherweise beobachten Therapeuten und Reproduktionsmedizinerinnen folgendes Phänomen: Frauen, die es gewohnt sind, ihre Bedürfnisse zu Gunsten anderer zurückzunehmen, und die in der Paarbeziehung die Rolle der Fürsorgenden innehaben, nehmen häufig die Diagnose auf sich. Sie wollen damit ihre Männer entlasten und vor Schuld- und Schamgefühlen schützen.

Um das Gleichgewicht in der Partnerschaft wieder herzustellen, ist es unerlässlich, sich von Selbstvorwürfen zu lösen. Denn wer sich für die Kinderlosigkeit verantwortlich fühlt, stellt sich in die Schuld des anderen und damit unter ihn. Mit diesem Gefälle kann aber niemals eine gleichberechtigte Beziehung gelebt werden. Deshalb ist es wichtig, dass der »Unfruchtbare« zu der Überzeugung gelangt, keinerlei Schuld auf sich geladen zu haben. Wie auch? Er hat eine körperliche Beeinträchtigung, die er nicht zu verantworten hat. Und vermutlich hat er versucht, das zu tun, was er auf Grund seiner religiösen und moralischen Werte vor seinem Gewissen verantworten konnte, um trotzdem den Traum von leiblichen Kindern zu verwirklichen. Dennoch: Wer die Last der Diagnose zu tragen hat, braucht die Beteuerung des anderen, dass er als Mensch geliebt wird und als Lebensbegleiter wichtig ist, nicht nur als potenzieller Vater oder mögliche Mutter. Es gibt sicherlich ausreichend viele Gründe, um weiterhin gemeinsam durchs Leben zu gehen, auch ohne Kinder.

Wenn es Ihnen nicht gelingt, mit der Vergangenheit Frieden zu schließen, kann ein Ritual hilfreich sein, mit dem Sie Ihre Selbstvorwürfe und Schuldgefühle hinter sich lassen und sich verzeihen. Unterstützung bekommen Sie auch in psychologischen Beratungsstellen oder von einem Seelsorger. Meistens sind ein paar Gespräche ausreichend, um in der Verarbeitung ein gutes Stück weiterzukommen.

Das soziale Umfeld – Annäherung an ein gegenseitiges Verstehen

Sie wird kommen, immer wieder, ein Leben lang – die Frage: »Haben Sie Kinder?« Jedes Kinderwunschpaar kennt und fürchtet sie und noch mehr die damit verbundenen »gut gemeinten« Ratschläge. Die Antwort »nein« macht verletzlich und dokumentiert: Unser Lebensweg verläuft nicht in den weithin üblichen Bahnen. Nicht selten folgt peinliches Schweigen, eine lapidare Mitleidsbekundung oder die nächste Frage nach dem »Warum« (wenn nicht ausgesprochen, so doch im Stillen).

Auch heute noch ist eine Ehe oder Lebensgemeinschaft, die ohne Nachwuchs bleibt, keineswegs eine mögliche Lebensform unter vielen anderen, die selbstverständlich hingenommen wird. Sie weicht ab von einer gesellschaftlichen Norm. Kinderlose Frauen und Männer haben häufig das Gefühl, nicht dazuzugehören und aus bestimmten Lebensbereichen ausgeschlossen zu sein. Und nicht selten wird ihnen unterstellt, der Karriere zuliebe oder aus egoistischen Gründen auf Kinder verzichtet zu haben. Genährt wird diese Mutmaßung, wenn sich Paare als Ausgleich für den Verlust, den sie hinnehmen müssen, einen aufwändigeren Lebensstil zugelegt haben, einem teuren Hobby nachgehen oder mehrmals im Jahr Urlaub machen. Mit nicht überhörbarem Unterton werden sie als DINKS betitelt, was für »Double Income no Kids« (doppeltes Einkommen, keine Kinder) steht. Hinter dieser Äußerung steckt nicht selten Neid gestresster Eltern. Denn Kinderlose führen vor Augen, zu welchen Kompromissen Eltern gezwungen sind und mit welchen Einschränkungen sie sich arrangieren müssen. Diese Eltern wiederum werden von kinderlosen Frauen und Männern um ihr Familienglück beneidet.

Kinderlose erzeugen Sprachlosigkeit

Häufig sind es unverfängliche Situationen, in denen die Sprache auf den Nachwuchs kommt – beim Klassentreffen, auf Partys, am Arbeitsplatz, im lockeren Dialog zwischen Fragen nach Arbeit, Ausbildung und Wohnort. Welch heikles Thema damit angeschnitten wird, kann das Gegenüber kaum erahnen. Von einem Moment auf den anderen ist die lockere Smalltalk-Atmosphäre dahin, Unsicherheit macht sich breit – auf beiden Seiten.

Aber auch Freundinnen und Familienmitglieder sind verunsichert, wissen nicht, wie sie reagieren sollen und halten sich zurück. Sie spüren die Verletzlichkeit, und ihre Angst ist groß, an eine offene Wunde zu rühren. Vor allem Eltern fühlen sich oft überfordert. Sie sind voller Mitgefühl, müssen sich aber auch mit ihrer eigenen Enttäuschung, keine (weiteren) Enkelkinder zu bekommen, auseinander setzen. Wäre ein Verstorbener zu beklagen, wüsste nahezu jeder wenigstens annähernd angemessen darauf zu reagieren. Überlieferte Verhaltensregeln und Standardformulierungen geben eine gewisse Sicherheit. Zudem werden alle im Lauf ihres Lebens mit dem Tod nahe stehender Menschen konfrontiert. Dass die Trauer um ein ungeborenes Kind ähnlich schmerzhaft sein kann, können aber vermutlich nur Betroffene verstehen. Für diejenigen, die mühelos Eltern geworden sind, ist der Verlust nicht nachvollziehbar. Zudem ist ungewollte Kinderlosigkeit in unserer Gesellschaft nach wie vor ein Tabuthema. Es berührt sehr intime und persönliche Bereiche, wie Sexualität und Fortpflanzung, Trauer und Verzweiflung. Außerdem verkörpern Kinderlose, die keinen Hehl aus ihrem Schicksal machen, dass nicht alles im Leben planbar ist und glatt verläuft. Sie werden von Menschen, die sich vor den Schattenseiten des Lebens verschließen, als Bedrohung ihrer heilen Welt wahrgenommen.

Aus der Hilflosigkeit heraus werden Floskeln herbeizitiert: »Vielleicht klappt es ja doch noch« oder »Es können nicht alle Kinder bekommen«. Frauen, die Mütter sind, versuchen zu trösten, indem sie auf Erziehungsprobleme hinweisen und die Vorzüge eines kinderfreien Lebens preisen: »Du weißt ja gar nicht, wie gut es dir geht. Du hast so viel Zeit nur für dich und musst dich nicht mit den Dingen rumärgern, die mir das Leben schwer machen.« Solche Aussagen sind kränkend. Eine Frau, die gerne Kinder gehabt hätte, wäre jederzeit bereit gewesen, die zusätzlichen Alltagssorgen auf sich zu nehmen. Außerdem weiß sie nur zu gut, dass diese Mütter trotz allem ihre Sprösslinge lieben. Es sind weder die aufmunternden Ratschläge noch Mitleid oder die Horrorszenarien eines familiären Alltags, die Trost spenden und Wunden heilen. Frauen, die von ihrem nicht geborenen Kind Abschied nehmen, brauchen Menschen, die ihre Empfindungen ernst nehmen und mit ihnen aushalten.

» Zu sich selbst stehen, sich keine Vorwürfe machen, nicht Mitleid erwarten, sondern Trost (das ist ein Unterschied), das ist es, was wir brauchen. Wir sind vollwertige Menschen, so wie wir sind. Nur weil wir nicht Mutter werden (können), ist unser Leben doch nicht weniger wert als das anderer Menschen! Und wir haben ein Recht darauf, dass auch unsere Mitmenschen das anerkennen und akzeptieren. Leider können das die wenigsten, denn irgendwie muss man Leid wohl erst erlebt haben, um es verstehen zu können. Deshalb ist es nicht immer leicht, zu seinem Kummer zu stehen, denn leider kommt oft eher Mitleid heraus als Trost. Das wegzustecken ist nicht einfach. Doch manchmal kommt eben auch Halt und Trost, und das baut mich dann wieder auf. «

Beitrag aus einem Internet-Forum, Juni 2003

Familienphase – Teil eines »normalen« Lebens

Im Alter zwischen 20 und 40 Jahren, nach Kindheit, Jugend und den Jahren des Sichausprobierens, beginnt für die Mehrzahl der Menschen die Familienphase. Aus Freundin und Freund, Frau und Mann werden Mütter und Väter. Die Rollen verändern sich und mit ihnen die Lebensgestaltung. Der gesamte Alltag muss auf die ungewohnten Bedingungen ausgerichtet werden. Das Bedürfnis ist groß, sich mit anderen Eltern auszutauschen, über die Freuden und Unsicherheiten, die großen und kleinen Sorgen. Aus dieser zentralen Lebensphase sind kinderlose Frauen mehr oder weniger ausgegrenzt. Als Gesprächpartnerin in Sachen Erziehung, Kinderkrankheiten oder Wahl der Schule werden sie selten zu Rate gezogen. Schlimmstenfalls erfahren sie sogar Zurückweisung: »Das kannst du nicht verstehen« oder »Du hast nicht diese Sorgen«. Besonders bitter ist es, wenn sich alles nur noch um die lieben Kleinen dreht und Mutterschaft idealisiert wird.

Oftmals treten kinderlose Frauen nach solchen Erfahrungen den Rückzug an. Die Angst vor der nächsten Schwangerschaft im Freundeskreis ist ihre ständige Begleiterin. Es tut weh, immer wieder zu erleben, dass andere das bekommen, was einem selbst verwehrt bleibt. Gleichzeitig wollen sie aber mit ihrem Kummer keinesfalls die Freude der werdenden oder frisch gebackenen Mütter trüben. Kommt es nicht zu einem offenen Gespräch über die unterschiedlichen Bedürfnisse, wird die Beziehung leiden, denn die innere Anspannung verhindert einen spontanen Austausch, und die junge Mutter wird sich überlegen, was sie über ihr Familienglück mitteilt und was nicht.

Mit der Zeit wird sich der Bekanntenkreis von kinderlosen Paaren allmählich verändern, was eine ganz natürliche und heilsame Entwicklung ist. Sie werden feststellen, dass Sie sich von Menschen, die Ihr Schicksal teilen, besser verstanden fühlen und dass die Lebensstile besser zueinander passen. Das heißt aber keinesfalls, dass Sie zu allen Freunden mit Kindern den Kontakt abbrechen sollten. Wichtig ist nur, sich nicht zum Opfer zu machen und aus Höflichkeit Beziehungen aufrechtzuerhalten.

Machen Sie sich auf die Suche nach Menschen, deren Lebensgestaltung der Ihren entspricht, mit denen Sie Ihre Interessen und Aktivitäten teilen können. Und Sie werden feststellen, dass Sie nach und nach selbstbewusster und sicherer werden. Auch deshalb, weil Sie immer mehr die Vorzüge eines Lebens ohne Kinder schätzen lernen, was Sie sich vielleicht zum jetzigen Zeitpunkt noch nicht vorstellen können.

» Wir haben irgendwann den Punkt erreicht, an dem wir es jedem gesagt haben. Ich sag' es sogar beim Bewerbungsgespräch, denn das bin ich. Ich mag mich so wie ich bin. Lange hat es gedauert, bis ich das kapierte. «

Beitrag aus einem Internet-Forum, Juni 2003

Tipps, die helfen können:

- Sie müssen sich keineswegs festlegen, ob Sie grundsätzlich offensiv mit Ihrer Unfruchtbarkeit umgehen oder die näheren Umstände geheim halten wollen. Es gibt auch hier keine Pauschallösung, die immer und überall Gültigkeit hat. Denken Sie darüber nach, wann Sie innerlich bereit sind, damit nach außen zu gehen. Einmal ausgesprochen, wird die Tatsache, dass Sie ohne Kinder leben ein Stück mehr Realität und Teil Ihres Lebens. Sind Sie bereit dazu, ist dies ein Zeichen dafür, dass Sie in der Verarbeitung einen Schritt weiter sind. Wenn Sie über lange Zeit hinweg vermeiden, zu Ihrem Schicksal zu stehen, kann sich der Abschiedsprozess länger hinziehen.
- Verschließen Sie sich nicht gegenüber jeglicher Hilfe und Unterstützung. Wägen Sie aber sorgfältig ab, wem Sie mehr darüber erzählen wollen, warum Sie keine eigene Familie haben. Bei welchen Menschen können Sie davon ausgehen, dass sie einfühlsam zuhören, Ihre

Wehmut aushalten und Sie auffangen? Je weiter Sie in Ihrem Abschiedsprozess sind, desto leichter wird es Ihnen fallen, über Ihre ungewollte Kinderlosigkeit zu reden.

- Setzen Sie sich damit auseinander, in welchem Lebenskontext das Thema angemessen ist. Wann reicht die knappe Aussage: »Ich habe keine Kinder«, und wann sind Sie bereit, mehr preiszugeben. Diese Frage könnte sich am Arbeitsplatz stellen. Überlegen Sie vorab, ob es wichtig ist, dass Ihre Kolleginnen und Kollegen wissen, warum Sie keine Mutter sind, und welche Folgen diese Offenheit haben könnte. Es gibt durchaus Situationen, in denen Sie sich schützen müssen.
- Legen Sie sich eine oder mehrere Antworten zurecht, für den Fall, dass Sie in bestimmten Zusammenhängen oder mit einzelnen Menschen nicht darüber sprechen wollen, auch wenn Sie ausdrücklich danach gefragt werden. Es ist legitim zu sagen: »Über die näheren Umstände möchte ich nicht reden«, oder mit der Notlüge »Wir wollten keine Kinder« das Gespräch zu beenden.
- Wappnen Sie sich auch gegen Aussagen, die ein Leben ohne Kinder verherrlichen, wie zum Beispiel: »Du hast es gut«. Zwar steckt meistens der Versuch zu trösten dahinter, aber auch Neid kann mitschwingen. Mit der kurzen Antwort: »Ja, das stimmt«, nehmen Sie ihrem Gegenüber schnell den Wind aus den Segeln.
- Entscheiden Sie sich selbstbewusst, ob Ihnen die Teilnahme an einer Taufe, einem Kindergeburtstag oder Familienfest gut tut. Es wird immer wieder Zeiten geben, in denen der Umgang mit Familien oder Schwangeren Wehmut hervorruft. Lassen Sie sich nicht das Ruder aus der Hand nehmen. Bestimmen Sie, wann Sie was ertragen können. Einfühlsame Freunde und Angehörige werden für Ihre Absage Verständnis haben.
- Treffen Sie Absprachen mit Ihrem Partner, wie er Sie unterstützen kann, wenn Sie zum Beispiel auf einer

Party oder bei einem Familienfest unangenehmen Fragen ausgesetzt sind. Suchen Sie sich auch andere Verbündete, die für Sie in die Bresche springen.

- Es wäre schön, und manche Sehnsucht würde gestillt, könnten nahe stehende Menschen die eigene Befindlichkeit erahnen und genau so reagieren, wie man sich das wünscht. Aber niemand kann Gedanken lesen. Deshalb teilen Sie mit, was Ihnen gut tut. Das kann heute etwas anderes sein als morgen. Manchmal ist es wohltuend zu reden, ein andermal hilft es, in den Arm genommen zu werden oder nur am gewöhnlichen Tagesablauf teilzunehmen. Wenn Sie über Ihre Bedürfnisse sprechen und um Unterstützung bitten, ersparen Sie sich Enttäuschungen und ermöglichen Ihren Freunden und Angehörigen, das Richtige zu tun. Es ist manchmal schwer, Wünsche auszusprechen. Vielleicht hilft es Ihnen, sich zu vergegenwärtigen, dass viele unsicher sind, weil sie mit Unfruchtbarkeit und ihren Folgen noch nie konfrontiert wurden und nicht nachvollziehen können, wie es Ihnen mit Ihrem Abschied vom Wunschkind geht.
- Meistens kommen die »dummen Sprüche«, die kinderlose Frauen und Männer über sich ergehen lassen müssen, in der Zeit, in der Gleichaltrige eine Familie gründen. Mit zunehmendem Alter werden die unschönen Bemerkungen weniger. Die Menschen in Ihrer Umgebung haben sich daran gewöhnt, dass Sie ohne Kinder leben. Es schadet dennoch nichts, sich ein oder zwei Antworten für taktlose Zeitgenossen zurechtzulegen. Sprechen Sie ruhig offen aus, wenn Sie empört oder gekränkt sind.

Entmystifizierung der Mutterrolle

»Du weißt nicht,
wie schwer die Last ist,
die du nicht trägst.«
Afrikanische Weisheit

Eines vorweg: Die Absicht dieses Kapitels ist nicht, die Mutterrolle in ein schlechtes Licht zu rücken und alle gesellschaftlichen und sozialen Unzulänglichkeiten, die Eltern das Leben schwer machen (können), aufzuzählen. Ebenso wenig sollen gestresste und überforderte Frauen mit Kindern vorgeführt werden, um ein einseitig gefärbtes Bild notorisch unzufriedener Mütter zu zeichnen, nach dem Motto: Schaut her, was Kinderlosen erspart bleibt! Diese Vorgehensweise wäre unfair und würde die Realität Lügen strafen. Denn das Leben mit Kindern ist nicht nur schwarz oder weiß und macht nicht an sich glücklich oder unglücklich. Es ist lebendig und anstrengend, sorgenvoll und unbeschwert, es hält einzigartige Glücksmomente und Grenzerfahrungen bereit – wie jedes andere Leben auch.

Nichtsdestotrotz soll sie, die von fast allen ungewollt kinderlosen Frauen beneidet wird, auf den folgenden Seiten von ihrem Sockel heruntergeholt und von einigen Projektionen entstaubt werden. Gewagt sei ein Blick hinter die Kulissen, jenseits von gesunden, pflegeleichten Wonneproppen in schnittigen Kinderwagen und strahlenden Müttern, die die Blicke magisch auf sich ziehen, die den Verlust schmerzlich vor Augen führen und das Gefühl hinterlassen, vom Leben bestraft worden zu sein.

Werbung tut das ihre dazu, ein Leben mit Kindern zu verklären. Die Frauen in den Spots sind stets sauber und adrett gekleidet, gehen in ihrer Rolle als Hausfrau und Mutter auf und meistern nebenbei mit links einen Halbtagsjob – in einer Führungsposition, versteht sich. Und kommt der Sprössling völlig verdreckt nach Hause, freut sich die junge Mutter, weil ihr das Waschen mit den neuen Megaperls so viel Freude bereitet. Als wär's ein Leichtes, Haushalt, Kindererziehung und Erwerbstätigkeit unter einen Hut zu bringen. Kinderkrankheiten, Trotzphasen, schlaflose Nächte, Terminstress, materielle Sorgen und Beziehungsprobleme kommen nicht vor.

Zugegeben, die Ironie ist nicht zu überhören, und jede Frau weiß um die Verführungskünste der Werbung und Medien. Dennoch treffen diese heilen Welten auf unerfüllte Sehnsüchte, rufen Fantasien wach, bieten eine breite Projektionsfläche und verleiten dazu, den Familienalltag zu idealisieren.

Das habe ich mir ganz anders vorgestellt

Für viele Frauen ist ein Kind die Krönung ihrer Liebe, Mutterschaft die größte Erfüllung. Doch nicht selten folgt auf die erste Glückseligkeit nach der Geburt Ernüchterung. Wie Kräfte raubend ein Neugeborenes sein kann und wie sehr es das Leben verändert, ist kaum vorhersehbar. Spätestens dann, wenn der Partner wieder regelmäßig zur Arbeit geht, relativiert sich das Glück der jungen Mutter. Oft fühlt sie sich allein gelassen, zudem muss sie erfahren, dass Hausfrauen in unserer Gesellschaft kein hohes Ansehen genießen. Und die romantischen Vorstellungen, die sie sich während der Schwangerschaft ausgemalt hat, haben in dem von ihrem Säugling vorgegebenen Tagesablauf keinen Platz und gehen in Bergen von schmutzigen Windeln unter. Besonders Frauen, die lange Zeit unabhängig waren, können oft schlecht akzeptieren, dass ihr Leben in den ersten Jahren größtenteils fremdbestimmt ist. Der Nachwuchs diktiert die Schlaf- und Wachzeiten, braucht regelmäßig eine warme Mahlzeit, Kinderkrankheiten verlangen absolute Präsenz und die Trotzphase strapaziert die Nerven bis aufs Äußerste. Später kommen Schularbeiten, Fahrten zum Musikunterricht und Pubertätsprobleme dazu, um nur von einem ganz normalen Verlauf einer gelungenen Bilderbuchentwicklung zu sprechen. Was aber, wenn das Kind krank oder behindert zur Welt kommt? Wenn es massive Schwierigkeiten in der

Schule hat? Wenn es mit Drogen konfrontiert wird? Was, wenn die Ehe zerbricht?

» Ich war selbst mal mehr oder weniger ungewollt kinderlos, längere Geschichte, bin nach unserer ersten ICSI schwanger geworden und habe heute einen 1,5 Jahre alten Sohn! Wir haben großes Glück gehabt und sind darüber überglücklich. Trotzdem muss ich gestehen, dass ich oft genervt bin, überfordert oder auch mal gelangweilt. Früher, ohne Kind, bin ich an freien Tagen aufgestanden und habe einfach unternommen, wozu ich gerade Lust hatte. Heute geht das nicht mehr, ich kann nicht mal einen Tag ausschlafen oder einfach mal meine Lieblingsserien sehen. Im Freibad sonnen – nicht mehr möglich. Ich will mich nicht bemitleiden, auf keinen Fall. Ich habe mir dieses Leben über alles gewünscht und würde natürlich für nichts in der Welt meinen kleinen Liebling wieder hergeben. Aber ich ertappe mich oft, wie ich mit dem Süßen schimpfe, weil er ständig weint, Wutanfälle bekommt, gefährliche Dinger dreht oder einfach nicht schlafen will und ich kaputt bin. Dann denke ich oft: ›Du spinnst, das ist dein Wunschkind, sei glücklich!‹ Und ich bin auch glücklich, aber es wird immer Situationen geben, in denen man genervt ist. «

Beitrag aus einem Internet-Forum, Juni 2003

Nicht viele Frauen sind so wohltuend ehrlich und besitzen den Mut, auch die Schattenseiten ihres Mutterseins zu benennen. Waren es doch die gemeinsamen Nachkommen, die den Lebenstraum vollenden sollten.

Wenn aus zweien drei werden

Auch für die Partnerschaft sind Kinder eine Zerreißprobe. Die Umstellung von der Zweisamkeit auf ein Familienleben ist nicht leicht. Plötzlich ist ein drittes Wesen im Bund, das die volle Aufmerksamkeit für sich beansprucht und aus einem »Nur-Liebespaar« Eltern werden lässt. Das sie zwingt, Verantwortung zu übernehmen und die Rolle der Mutter und des

Vaters mit allen daran geknüpften Erwartungen in ihr Leben zu integrieren. Viele Erstlingsmütter sind enttäuscht, wenn die frisch gebackenen Väter nach der Arbeit erschöpft vor dem Fernseher einschlafen, anstatt den Nachwuchs ins Bett zu bringen, ihren Anteil an der Familienarbeit zu übernehmen und sich anschließend die Probleme eines Hausfrauentags anzuhören. Männer können oftmals nicht verstehen, dass sie nicht jeden Abend eine energiegeladene, zufriedene Frau vorfinden, die gänzlich in ihrer Rolle als Hausfrau und Mutter aufgeht, ein offenes Ohr für ihren beruflichen Alltag hat und im Bett die heiße Geliebte gibt. Bei einer klassischen Rollenaufteilung – egal ob auf Zeit oder dauerhaft – bewegen sich Mann und Frau in unterschiedlichen Lebenswelten, deren jeweilige Anforderungen und Schwerpunkte völlig entgegengesetzt sind. Infolgedessen sind auch die gegenseitigen Erwartungen völlig verschieden. In dieser Phase geht es darum, sich in den neuen Rollen zurechtzufinden und diese aufeinander abzustimmen. Längst nicht alle Beziehungen halten diesen Veränderungen stand. Jede fünfte Partnerschaft in Deutschland droht nach der Geburt eines Kindes zu zerbrechen. Fast ein Viertel aller Familien hat nur ein Elternteil. Zwei Drittel davon gehen auf Scheidungen zurück.

Vater Staat und seine Mütter

Jahrhundertelang hatten Frauen keine Wahl. Ehe und Mutterschaft waren unausweichlicher Bestandteil der weiblichen Biografie, ihr Lebensumfeld Haus, Hof und Garten. Und nur eine Mutter war eine »richtige« Frau. Auf diese Lebensaufgabe wurden Mädchen schon in jungen Jahren vorbereitet. Der Hintergrund: Söhne und Töchter waren eine Investition und dienten der Existenzsicherung. Sie waren unverzichtbar bei der täglichen Arbeit im Haushalt, in der Landwirtschaft oder im Handwerksbetrieb. Außerdem galten sie als Absicherung im Alter. Der soziale Status einer Frau und ihre Teilhabe am öffentlichen Leben maßen sich an der gesellschaftlichen Stellung des Ehegatten. Allein Stehende und Frauen, die ihren Ehemännern keine Kinder gebaren, hatten es schwer, waren Außenseiterinnen.

Die Verhältnisse haben sich geändert und mit ihnen die weibliche Rolle. In der westlichen Industriegesellschaft sind Frauen längst nicht mehr auf ein bestimmtes Leitbild festgelegt. Sie haben freien Zugang zu allen Ausbildungsberufen und Studiengängen, und noch nie zuvor verfügten so viele Frauen über qualifizierte Berufsabschlüsse. Die Gleichberechtigung von Mann und Frau hat scheinbar in allen gesellschaftlichen Bereichen Einzug gehalten. Nur eine Minderheit strebt in der Lebensplanung ausschließlich ein Hausfrauendasein an. Aber auch der Verzicht auf Kinder zu Gunsten einer beruflichen Karriere ist für wenige eine Alternative. Berufliche Selbstverwirklichung *und* eine eigene Familie ist das, was die Mehrzahl der jungen Frauen für erstrebenswert hält.

Allerdings sind die Bedingungen noch nicht so, dass sie den veränderten Bedürfnissen des weiblichen Geschlechts gerecht werden. Von Chancengleichheit kann keine Rede sein. Will eine Frau Familie und Erwerbsarbeit verbinden, bezahlt sie in der Regel einen hohen Preis. Denn Haushalt und Kindererziehung sind nach wie vor Frauensache. Auch dann, wenn Arbeitszeiten und Einkommen vergleichbar sind mit den Konditionen des Ehegatten. Bei Abwasch, Fensterputz und Kloreinigung fühlen sich Männer nicht angesprochen. Sie sehen sich eher zuständig für Auto, Haus und Garten.

Aber nicht nur von ihren Partnern werden viele junge Mütter allein gelassen, sondern auch von den Familienpolitikern. Auch wenn sich ein Mann bereit erklärt, seinen Anteil an der Kindererziehung zu übernehmen, um seiner Frau eine berufliche Karriere zu ermöglichen, scheitert dieser Plan nicht selten an den gesellschaftlichen Gegebenheiten. Mit einem Teilzeitvertrag sind häufig unattraktivere Beschäftigungen, geringe Aufstiegschancen, schlechtere Bezahlung und ein höheres Entlassungsrisiko verbunden. Nur wenige Männer sind gewillt, sich darauf einzulassen. Außerdem verdienen Frauen im Durchschnitt ein Viertel weniger als ihre männlichen Kollegen. Ein weiteres Kriterium für Aufstieg und Gehalt ist die

Länge der Betriebszugehörigkeit. Durch die Geburt und Erziehung von Kindern kommt es in einer Berufsbiografie jedoch zwangsläufig zu Unterbrechungen. Und Fähigkeiten, die Frauen bei der Familienarbeit erwerben, werden bislang nur von wenigen Arbeitgebern erkannt und wertgeschätzt. Es bleibt also der drohende Karriereknick, wenn sich Frauen für Kinder entscheiden.

Mangelnde Angebote bei der Kinderbetreuung sind ein weiterer Stolperstein. Insbesondere für die Betreuung von Kindern unter drei Jahren tun sich große Lücken im Versorgungsnetz auf. Im Schnitt werden nur acht Prozent dieser Altersgruppe durch öffentlich bezuschusste oder finanzierte Einrichtungen betreut, und das in der Regel nur halbtags. In anderen Ländern der Europäischen Union ist die Kinderbetreuung familienfreundlicher organisiert. In Dänemark ist die Versorgungsquote mit 48 Prozent am größten, gefolgt von Schweden mit 35 Prozent und Belgien mit 30 Prozent. Meistens übernehmen in diesen Ländern Tagesmütter, die bei den Kommunen angestellt sind, die Betreuung.

Diese Beispiele und Zahlen verdeutlichen, dass Kinder und Beruf nur unter extremen Einschränkungen und auf Kosten der Frau oder des Lebensstandards zu vereinbaren sind. So abgedroschen es klingen mag: Doppelrolle bedeutet immer auch Doppelbelastung. Der häusliche Alltag einer berufstätigen Mutter ist alles andere als ein Ort der Geborgenheit und Harmonie. Er ist vielmehr geprägt von vollen Terminkalendern, Stress, chronischer Übermüdung und einem permanent schlechten Gewissen, weil entweder die Arbeit oder das Kind zu kurz kommen.

Mut zur individuellen Weiblichkeit

Schwangerschaft, Geburt und Kinder sind nach wie vor für viele Frauen elementarer Ausdruck weiblicher Bestimmung. Ungewollte Kinderlosigkeit geht für sie einher mit Identitätsverlust. Die definierte Rolle der Mutter, später Großmutter, und die damit verbundenen Erwartungen entfallen. Sogar das Gefühl von Wertlosigkeit kann sich einstellen, wenn der weibliche Körper nicht das hervorbringt, was biologisch vorgesehen ist. Die Familientherapeutin Petra Thorn hat während ihrer langjährigen Arbeit Folgendes beobachtet: »Für viele Frauen scheint der körperliche Wandel während der Schwangerschaft wie das Schlüpfen der Raupe zum Schmetterling zu sein: Erst dann definiert sie sich als vollwertige erwachsene Frau.« Gelingt es, die Verknüpfung von Mutterschaft und Frausein zu entzerren, getrennt voneinander zu betrachten und mit neuen Inhalten zu füllen, kann das innere Gleichgewicht wieder gefunden werden.

In einer Zeit, in der Frauen nicht mehr auf eine bestimmte Rolle festgelegt sind, hat Weiblichkeit viele Facetten. Mutterschaft ist nur eine davon. Frauen sind längst nicht mehr bereit, sich auf die von einer immer noch männlich dominierten Gesellschaft zugeschriebenen Attribute reduzieren zu lassen. Sie kreieren ihr eigenes Leben und schöpfen aus der breiten Palette aller Möglichkeiten. Sie dringen in Domänen ein, die über Jahrhunderte hinweg der Männerwelt vorbehalten waren, und beanspruchen auch männliche Charaktereigenschaften für sich. Weiblichkeit lässt sich nicht mehr begrenzen auf ein starres Rollenklischee, sondern ist vielmehr ein Zusammenspiel aus weiblichen und auch männlichen Anteilen.

Diese Freiheit und Vielfalt gilt es zu nutzen. Verabschieden Sie sich von vorgegebenen Bildern und lassen Sie sich auf das Abenteuer ein, herauszufinden, was *Sie* mit Frausein verbinden. Lösen Sie sich von den Zwängen konservativer gesellschaftlicher Erwartungen, die die Mutterrolle für das weibliche Geschlecht vorsieht. Machen Sie sich Ihren eigenen Entwurf von Weiblichkeit und vertreten Sie diesen selbstbewusst. Drängt es Sie zu eher traditionellen Vorstellungen oder aber zu ganz untypischen? Vielleicht finden Sie Freude an einem vornehmlich männlichen Sport oder Sie entscheiden sich, beruflich durchzustarten. Zunehmend entdecken Firmen feminine Eigenschaften als wichtiges Team- und Führungselement. Vielleicht aber sind es Ihre fürsorglichen Gefühle, die gelebt werden wollen, sei es mit Kindern von Freundinnen und Verwandten, mit Haustieren oder einem karitativen Engagement. Oder steht es an, sich nach all den mühsamen Jahren des unerfüllten Kinderwunsches mit dem Partner ein schönes, gemütliches Heim zu schaffen und die Zweisamkeit zu genießen?

Lassen Sie sich das Konzept nicht aus der Hand nehmen. Sagen Sie sich frei von Erwartungen, die an Sie herangetragen werden oder von denen Sie glauben, sie erfüllen zu müssen. Verwirklichen Sie Ihre individuellen Vorstellungen von einem weiblichen Leben und haben Sie den Mut, auch unkonventionelle Wege einzuschlagen.

Frieden schließen mit dem eigenen Körper

Was nicht außer Acht gelassen werden darf: Das Empfinden von Weiblichkeit hängt sehr stark mit dem Körper zusammen. Diesen als gesund und weiblich wahrzunehmen, ist jedoch nicht an das Erleben von Schwangerschaft, Geburt und Stillen gebunden. Der weibliche Organismus hat eine Vielzahl von Funktionen und nur eine davon ist es, ein Kind zu empfangen und auszutragen. Weil er nicht alle von der Natur vorgesehenen Aufgaben erfüllt, ist er keineswegs krank oder funktionsuntüchtig. Und dennoch ist es sehr gut nachvollziehbar, dass diese Gedanken aufkommen, wenn die Fruchtbarkeit eingeschränkt ist.

Umso wichtiger ist es, sich bewusst Aktivitäten zu suchen, bei denen man die Kraft und Gesundheit des Körpers erleben kann, wie zum Beispiel beim Sport, Tanz oder Yoga. Auch weibliche Erotik und Sinnlichkeit haben nichts damit zu tun, ob eine Frau gebärfähig ist. Trotzdem kann es für manch ungewollt Kinderlose wichtig sein, ihre weibliche Ausstrahlung zu unterstreichen, indem sie besonderen Wert auf ihr Äußeres legt, sich pflegt und schmückt.

Hält sich dennoch hartnäckig das Gefühl, keine »richtige« Frau zu sein, ist davon auszugehen, dass der Körper unbewusst als Symbol für eine tiefer liegende Selbstwertproblematik steht. Die Unfruchtbarkeit liefert die Bestätigung, dass wieder einmal etwas nicht gelungen ist. Ein altbekanntes Lebensgefühl wird mobilisiert, man fühlt sich als Versagerin – eine Rolle, die womöglich schon in der Kindheit ihren Ursprung hat. Diesen Rückschluss alleine aufzulösen ist schwer, leichter wird es mit der Unterstützung einer Therapeutin.

Sexualität – Lust statt Frust

Wer lange vergebens versucht hat, ein Kind zu zeugen, weiß zur Genüge, was es bedeutet: Sex nach Kalender und Lust auf Abruf. Erotik und Spaß bleiben auf der Strecke, und der Liebesakt mutiert zur monatlichen Pflicht – Sexualität wird funktionalisiert und auf die Zeugung eines Kindes reduziert. Entscheiden sich Paare für eine künstliche Befruchtung, kehrt die Leidenschaft nicht zwangsläufig ins Schlafzimmer zurück. Oft wirken sich die psychischen und körperlichen Belastungen, die eine reproduktionsmedizinische Behandlung mit sich bringt, auf die Sexualität aus und das, was man sich erhofft, dass Samen und Eizelle zueinander finden, übernimmt der Arzt. Vielen stellt sich die Frage: Wozu dann noch miteinander schlafen?

Am Ende einer Kinderwunschbehandlung stehen viele Paare vor einem desolaten Liebesleben. Frust und Stress haben die Lust lahm gelegt. Der gemeinsame Liebesakt lässt schmerzliche Erinnerungen aufleben. Diese Verknüpfung gilt es zu lösen, sodass die Freude, den Körper mit dem anderen zu teilen, wieder entstehen kann. Mit dem Loslassen vom Wunschkind vollzieht sich diese Entkoppelung meistens von selbst, spätestens dann, wenn der Abschied durchgestanden ist. Hält sich die Flaute der Sinnesfreuden dennoch hartnäckig, gibt es einige Tipps, die auszuprobieren sich lohnt:

- Verordnen Sie sich, in Absprache mit Ihrem Partner, einige Wochen »Auszeit«. Nur streicheln und massieren ist erlaubt, außer an Brust und Genitalien. Danach erweitern Sie die Zärtlichkeiten auf die bislang tabuisierten Körperzonen. Das einzige Verbot: Geschlechtsverkehr. Schlafen Sie erst wieder miteinander, wenn Sie sich *beide* danach sehnen.
- Verwöhnen Sie sich gegenseitig und im Wechsel. Stehen Sie im Mittelpunkt, erfüllt Ihnen Ihr Partner Ihre Wünsche und umgekehrt. Sprechen Sie offen darüber, was Sie sich vorstellen, und setzen Sie sich keine Grenzen. Alles, was beiden gefällt, ist erlaubt.
- Überlegen Sie sich, wie Ihre Sexualität war, bevor Sie sich aktiv mit ihrem Kinderwunsch auseinander gesetzt haben. Was wollen Sie davon wieder aufleben lassen?
- Suchen Sie andere Räumlichkeiten auf, wenn Sie Ihr Schlafzimmer daran erinnert, dass Sie hier vergeblich versucht haben, ein Kind zu zeugen.
- Unterbrechen Sie Ihren gewohnten Lebensalltag und buchen Sie ein Wochenende in einem schönen Hotel.
- Teilen Sie mit, was Sie aneinander attraktiv finden, und machen Sie sich Komplimente, denn Sie haben *auch* zueinander gefunden, weil Sie äußerlich voneinander angezogen waren. Zeigen Sie sich, dass Sie sich begehren, auch wenn Sie kein Kind miteinander zeugen können.
- Um unangenehmen Erinnerungen vorzubeugen, verzichten Sie bewusst darauf, an den früheren Pflichttagen miteinander zu schlafen. Auch dann, wenn Sie den Wunsch nach einem Kind noch nicht ganz aufgegeben haben. Sie können trotzdem schwanger werden. Oder würden Sie Ihrer Freundin, die verhüten will, raten, nur vom 12. bis zum 14. Zyklustag keinen ungeschützten Verkehr zu haben?
- Vielleicht kaufen Sie sich eines der zahlreichen Bücher, in denen Sie Tipps finden, wie Sie ihrem Sexualleben wieder auf die Sprünge helfen können.

Kehrt die Lust trotz allem nur zögerlich zurück, lassen Sie sich nicht entmutigen. Sexualität ist ein sehr sensibles Terrain und hat wenig mit den Filmszenen gemein, in denen gut gebaute Paare, allzeit bereit, leidenschaftlich durch die Kissen toben. In langjährigen Beziehungen sind Phasen, in denen die sexuellen Aktivitäten auf Eis liegen, durchaus normal. Sollte die Lustlosigkeit jedoch über einen längeren Zeitraum anhalten, kann eine Paarberatung helfen. Vielleicht sind Ihre Schwierigkeiten Ausdruck von übermäßigem Stress oder ungelösten Konflikten. Oder aber Sie haben sich vom unerfüllten Kinderwunsch noch nicht wirklich verabschiedet, und das hält Ihr Liebesleben immer noch auf Sparflamme.

Motiven für den Kinderwunsch auf anderem Wege begegnen

Vom Wunsch, etwas in die Welt zu bringen

»Man kann das Leben nur rückwärts verstehen, aber man muss es vorwärts leben.«
Søren Kirkegaard

Der Abschiedsprozess vom Wunschkind beinhaltet auch die Konfrontation mit der Endlichkeit des Lebens. Kein menschliches Wesen wird auf dieser Erde zurückbleiben, das die eigenen Gene in sich trägt, die persönliche Geschichte fortschreibt. Materielle Werte, die vielleicht mühsam erwirtschaftet wurden, – ein Haus, Vermögen, Schmuck – können nicht an leibliche Erben weitergegeben werden. Noch trauriger kann es sein, wenn es um all die Dinge geht, die sich im Lauf der Jahrzehnte angesammelt haben, die großen und kleinen Kostbarkeiten, die einem lieb und teuer geworden sind: Fotos, Bücher, Erinnerungsstücke, das selbst gemalte Bild … Wer wird sie in Ehren halten und sich daran erfreuen? Auch werden kinderlose Frauen und Männer nie als sanftmütige Großmütter oder Großväter in den rückblickenden Erzählungen späterer Generationen auftauchen. Sie sind und bleiben Tanten und Onkels, die im Familienstammbaum einen Nebenast einnehmen, von dem keine weiteren Verzweigungen abgehen. Die Spuren Kinderloser, so könnte man meinen, verblassen schneller.

Die Vorstellung, in Kindern weiterzuleben – in deren Andenken, in Charaktereigenschaften, Gesichtszügen oder indem sie das eigene Lebenswerk fortsetzen – kann tröstlich sein und dem Dasein einen Sinn geben. Ist die Zeit gekommen, von dieser Welt zu gehen, hinterlassen Eltern etwas Bleibendes und wirken durch ihre Kinder in die nächste Generation hinein.

Frauen ohne Kinder geben zwar ihre Erbinformationen nicht weiter, aber wie sie gelebt haben, kann sehr wohl über ihren Tod hinaus Bestand haben. Es muss nichts Großes oder

Materielles sein, und es ist nicht an Gene oder an einen Familiennamen gebunden. Sie können das Leben anderer bereichern und deren persönliche Entwicklung unterstützen, als gute Freundin, faire Kollegin, Vorbild, Tante.

Der Wunsch, etwas in der Welt zu hinterlassen, ist menschlich, aber nicht ausschließlich durch ein Kind realisierbar. Paare ohne Kinder müssen sich nur viel bewusster die Frage stellen, was sie in ihrem Leben hervorbringen und was sie wem vererben wollen. Diese Lebensrealität birgt auch eine große Chance, nämlich die, sich bewusst mit den eigenen Lebenszielen auseinander zu setzen – aber auch mit den Grenzen. Die Möglichkeit, die nicht gelebten Träume und Hoffnungen auf die Nachkommen zu übertragen, entfällt. Nicht verwirklichte Vorhaben können nicht mit der Ausrede: »Wir haben darauf verzichtet, denn unsere Kinder sollen es einmal besser haben als wir«, entschuldigt werden.

Das Tanten-Privileg

Es gibt sicherlich viele Kinder in der Verwandtschaft, im Freundeskreis oder in Heimen, die dankbar sind für eine liebevolle, aufgeschlossene Tante. Solche Beziehungen zu Kindern sind ein Privileg. Tanten erleben nur die Annehmlichkeiten. Sie müssen keine Grenzen setzen, dürfen verwöhnen und unendlich albern sein. Und sie werden dafür geliebt. Kindern ist es egal, ob verwandtschaftliche Bande sie mit anderen verbinden. Sie haben ein sehr gutes Gespür für Menschen, die es gut mit ihnen meinen – und das zählt. Natürlich werden Sie nie die Bedeutung einer Mutter haben und Sie werden auch akzeptieren müssen, sich immer mit den Eltern abzusprechen. Aber Sie können trotzdem den wichtigen Platz der erwachsenen Vertrauten einnehmen – eine Position, die in einem Kinderleben von großer Bedeutung ist.

Es ist aber auch durchaus möglich, dass mit Ihrem Abschied von der eigenen Familie der Umgang mit Kindern gar nicht mehr wichtig ist, weil Sie und Ihr Partner ein kinderfreies Leben planen und einrichten. Oder aber Sie müssen sich vorerst schützen, denn der Kontakt mit Kindern kann auch schmerzlich vor Augen führen, dass der Liebe und der Einflussnahme Grenzen gesetzt sind, insbesondere dann, wenn die Kinder im Beisein ihrer Eltern erlebt werden.

Soziales Engagement

Auch eine ehrenamtliche Tätigkeit kann befriedigend und sinnvoll erlebt werden. Viele gemeinnützige Einrichtungen sind froh über tatkräftige oder finanzielle Unterstützung. Sei es in der Hospizarbeit oder bei der Betreuung von Obdachlosen und Behinderten. Fragen Sie nach bei den kirchlichen und gemeinnützigen Trägern in Ihrer Stadt, wo Ihre Mitarbeit gebraucht wird. Sie werden Dankbarkeit ernten und Erfahrungen machen, die Ihr Leben bereichern. Wenn Sie lieber im Hintergrund wirken wollen, bietet es sich an, eine Patenschaft für ein Kind in einem Entwicklungsland zu übernehmen und diesem eine schulische und berufliche Ausbildung zu finanzieren, die ihm sonst versagt wäre.

Sich selbst in die Welt bringen

Ist es nicht auch verlockend, sich selbst in den Mittelpunkt des Lebens zu stellen? Sie müssen durch Ihre Kinderlosigkeit auf vieles verzichten – schaffen Sie sich dafür einen Ausgleich. Ein Leben zu zweit kann genauso vielseitig sein wie ein Leben mit Kindern. Sehen Sie es als Herausforderung und Chance, Ihr individuelles Leben zu kreieren. Erlauben Sie sich dabei, verschwenderisch zu sein und unkonventionelle Wege einzuschlagen. Vielleicht ist es die Lust am Reisen, die Sie packt, vielleicht wollen Sie sich beruflich weiterbilden oder sich gar umorientieren oder Sie finden Verwirklichung in künstlerischer Arbeit. Vielleicht genügt es Ihnen auch, mit Ihrem Partner so weiterzuleben wie bisher. Vertrauen Sie darauf, dass sich die Leidenschaften, die Sie in sich tragen, ihren Weg bahnen. Sie müssen nur offen dafür sein. Es lohnt sich auch, den kleinen Sinnesfreuden, die das Leben so üppig bereithält, Beachtung zu schenken: ein herbstlich gefärbter Laubwald, weiße Wolkentürme am blauen Sommerhimmel, ein gutes Glas Wein, ein harmonischer Abend im Kreis von Freunden. Und auch das muss gesagt sein, obwohl viele Paare, die keine Eltern geworden sind, sich davor scheuen, aus Angst, den Kinderwunsch zu entweihen: Menschen ohne Kinder haben mehr Geld, über das sie frei verfügen und mit dem sie sich ihre Träume und Wünsche erfüllen können.

Etwas bleibt – auch ohne Kinder

»... dass sich die Welt nur ein ganz kleines bisschen verändert dadurch, dass ich hier bin.«

Mathilde, 47 Jahre

» Ich habe mich relativ spät für ein Kind entschieden. Viele Jahre war das überhaupt kein Thema, weil es für mich wichtig war, unabhängig zu sein und beruflich weiterzukommen. Deshalb habe ich ein Soziologiestudium angefangen. Ich wollte raus aus dieser Kleinstadt, in der ich aufgewachsen bin, weg von meiner Familie, obwohl ich sie geliebt habe. Aber ich wusste, wenn ich ein anderes Leben führen will, dann muss ich fort. Meine Mutter war sehr isoliert und deprimiert, mein Vater steckte in Arbeit und hatte wenig Zeit. So ein Leben wollte ich nicht. Mein Ziel war es, auf eigenen Füßen zu stehen. Beziehung und Kinder haben in dieser Zeit keine große Rolle gespielt, weil die Ausbildung ganz wichtig war.

Der Wunsch nach einer eigenen Familie ist erst allmählich entstanden, Anfang, Mitte 30, und hat massiv zugenommen, als meine Schwester, die sechs Jahre jünger ist als ich, das dritte Kind bekommen hat. Dieses Kind hat es mir angetan. Ich habe auch zu den beiden anderen einen sehr guten Kontakt, aber zu dem dritten habe ich schon ganz früh eine Beziehung aufgebaut. Ich habe es oft gewickelt, im Arm gehalten und dabei mütterliche Gefühle empfunden.

Das war der Zeitpunkt, als mir bewusst wurde, ich muss in den nächsten Jahren klären: Will ich so ein kleines Bündel oder will ich es nicht? Letztendlich war dieses Kind ausschlaggebend, dass der Wunsch nach einer eigenen Familie gewachsen ist – auch in der Auseinandersetzung mit meinem Mann. Der wollte eigentlich immer Kinder.

Dann haben wir nicht mehr verhütet und bald gemerkt, es klappt nicht. Natürlich habe ich mich, wie das so üblich ist, zuerst untersuchen lassen. Aber es gab eigentlich nichts, was im Weg stand, außer Endometriosen und verklebten Eileitern. Aber auch zwei operative Eingriffe haben nichts gebracht. Mein Mann hat sich ebenfalls mehrmals untersuchen lassen. Dabei wurde festgestellt, dass seine Werte nicht optimal, aber auch nicht schlecht sind. Warum ich letztendlich nicht schwanger geworden bin, weiß niemand. Wir waren eben beide schon relativ alt. Insgesamt haben wir vier, fünf Jahre versucht, ein Kind zu bekommen. Reproduktionsmedizin war dabei nie ein Thema. Ich hatte die Einstellung: Entweder geht es einigermaßen natürlich oder es ist Schicksal. Dann eben nicht.

Als wir beide ungefähr 40 Jahre alt waren, haben wir einen Antrag auf Adoption gestellt, weil wir mit Kindern unser Leben teilen wollten. Ob mit eigenen oder angenommenen war für uns nicht von allzu großer Bedeutung. Natürlich hinterlässt man mit einem leiblichen Kind nach dem Tod vieles, was man mit sich selbst verbindet, damit habe ich mich schon auseinander gesetzt. Aber die Vorstellung, mit Kindern zu leben, war mir wichtiger. Auch die Lebendigkeit, die sie in den Alltag bringen. Bei meiner Schwester habe ich das oft erlebt, da ist immer Highlife.

In unserem Alter war eine Adoption natürlich schwierig, und schließlich ist es nicht dazu gekommen. Es hat dann noch ein halbes Jahr gedauert, bis klar war: Jetzt ist diese Auseinandersetzung um ein Kind abgeschlossen. Ich war schon traurig – wir beide waren traurig. Aber mein Mann war eher Realist und konnte das schneller hinter sich lassen. Ich glaube, er ist damit nicht so in die Tiefe gegangen, wobei ich oft ein Bedauern gespürt habe, wenn er mit Kindern zusammen war. Gefühle von Trauer habe ich sicher mehr zugelassen. Vielleicht habe ich es bei ihm aber auch nicht immer gemerkt. Er ist eher ein stiller Mensch. Ich weine schon mal.

Aber das Schöne ist, der unerfüllte Kinderwunsch hat uns nicht auseinander gebracht. Uns hat das Ganze eher zusammengeschweißt – weil wir dasselbe Schicksal haben. Wichtig für unsere Beziehung war auch, dass es nie Schuldzuweisungen gab. Und ein ganz heikler Punkt bleibt uns erspart, wenn die Kinder später einmal aus dem Haus gehen. Oft sind sie Bindeglied, und wenn man versäumt, für sich als Paar etwas zu tun, wird es sehr schwierig. Das erlebe ich bei vielen Menschen. Kinderlose Paare sind viel früher gefordert, sich Gedanken zu machen, wie sie ihre Beziehung gestalten wollen.

Ganz bewusst haben wir uns dann überlegt: Wer von unseren Freunden hat Kinder und wer nicht? Das war vorher nie wichtig und plötzlich war es interessant. Mit den Kinderlosen haben wir dann sehr viel unternommen, denn die haben Zeit, sind spontaner, können am Wochenende wegfahren oder abends ausgehen. Das sind alles Dinge, die man mit Kindern, mit kleinen zumindest, nicht machen kann. Und für uns beide war es gut und wichtig zu sehen, den anderen geht es so wie uns.

Kein Kind zu bekommen war übrigens eine der wenigen Situationen, anhand derer ich erfahren habe, dass ich nicht alles beeinflussen kann. Bis zu diesem Zeitpunkt hatte ich die Lebensmaxime: Ich bekomme alles, was ich will. Es ist zwar oft anstrengend, aber ich kann sehr viel dafür tun. Zu erleben, mir sind auch Grenzen gesetzt, war eine gute Erfahrung. So ist das im Leben. Ich denke, dass man nicht alles bekommen kann. Ich glaube auch, dass ich heute aus diesem Grund gelassener bin und die Einstellung habe: Entweder es geht oder es geht nicht. Ich kämpfe nicht mehr so sehr und glaube daran, dass mir dann vielleicht auch etwas zufliegt. Oder es erfüllt sich eben etwas nicht. Es liegt nicht immer nur an meiner Leistung, an meinem Einsatz, sondern es gibt auch eine Art Schicksal oder etwas, das ich eben nicht bestimmen oder entscheiden kann. Natürlich tut das weh. Es ist existenziell, kein Kind zu bekommen. Das ist nicht so, wie wenn ich kein Haus bauen kann oder den Job nicht bekomme. Es ist lebensprägend.

Was mir schließlich geholfen hat, darüber hinwegzukommen, war ein Konglomerat aus vielen verschiedenen Dingen. Das eine war, dass ich meine kreativen Seiten wieder entdeckt habe, die lange zu kurz gekommen waren. Ich habe immer sehr viel gearbeitet, bis ich Ende 30 war. Ja, und dann habe ich angefangen zu malen, und die Malerei hat in mir eine Seite aktiviert und eine Leidenschaft geweckt, durch die ich sehr viel empfinden kann. Vielleicht gibt es auch den Wunsch in mir, etwas zu hinterlassen, wenn ich sterbe. Vielleicht bleibt etwas Kreatives, etwas Schöpferisches von mir zurück und irgendjemand sieht und spürt, was ich beim Malen erlebt habe. Außerdem waren die Gespräche mit Frauen wichtig. Es gab nicht viele von meinen alten Freundinnen, mit denen ich darüber reden konnte. Aber ein paar wirklich starke Frauen sagten zu mir: ›Weißt du, auch mir geht es so, dass ich manchmal denke, war das eigentlich der richtige Schritt, Kinder zu haben, das ist nicht nur das Gelbe vom Ei.‹ Ich fand das bewundernswert, dass sie auch ihre Zweifel ausgesprochen haben. Mir ist dabei klar geworden: Ob mit oder ohne Kind, es wird Phasen geben, in denen ich das hinterfrage und zweifle, ob ich damit glücklich bin. So wie ich eben jetzt auch Zeiten habe oder Situationen erlebe, in denen ich traurig bin und denke: schade. Diese Erkenntnis hat mir gezeigt, dass es die optimale Situation nicht gibt, sondern alles zwei Seiten hat.

Und das Dritte, was mir geholfen hat, war, dass mir meine Schwester immer ermöglicht hat, mit ihren drei Kindern einen intensiven Kontakt zu pflegen. Ich habe Tantesein so definiert, mich auch verantwortlich zu fühlen für die Kinder, wenn sie Stress, Ärger oder Kummer haben. Und in den Ferien können sie immer zu uns kommen. Das genieße ich sehr, weil ich sie dann nicht nur einen Tag oder einen Nachmittag erlebe, sondern eine Woche oder länger. Wir fahren auch oft mit ihnen weg, machen Urlaub auf dem Bauerhof, Fahrradtouren oder Ausflüge. In solchen Situationen kann ich schon ein bisschen Elternsein leben. Das ist wunderbar. Aber Tantesein ist einfacher. Das hat sehr viele angenehme Seiten. Ich muss längst nicht so konsequent sein und ich darf viel geduldiger sein. Die Kinder schwärmen von mir. Am Valentinstag habe ich von meiner 18-jährigen Nichte einen Brief bekommen, in dem sie sich bedankt für all das, was ich für sie getan habe. Das hat mich sehr gerührt. Auch mein Mann hat zu dem ein oder anderen Kind seiner Geschwister einen engeren

Kontakt. Wir sind beliebt als diejenigen, die ein wenig aus der Rolle fallen. Eben nicht die üblichen Elternvertreter. Die anderen Onkels und Tanten sind nicht so interessant, weil die auch Kinder haben.

Ganz wichtig war für mich von Anfang an auch die Frage: Was ist, wenn kein Kind kommt? Es kann nicht sein, dass man ein Kind zum Sinn des Lebens macht. Das ist eine wahnsinnige Last für ein Kind. Und ich finde, ich habe eine Daseinsberechtigung, ob mit oder ohne Nachwuchs, ob mit Rentenabsicherung oder ohne. Diese Auseinandersetzung habe ich für uns als Paar, aber auch für mich allein als eine riesige Chance empfunden. Die Frage nach dem Sinn des Lebens hätte ich mir nicht gestellt, wenn ich ein Kind bekommen hätte. Dann wäre klar gewesen: Das ist meine Lebensaufgabe. Jetzt muss ich mich schon fragen: Was ist denn nun der Sinn? Und das finde ich das Spannendste überhaupt in meinem Leben. Ich bin immer noch auf der Suche, habe aber eine Ahnung davon: Ich muss schauen, dass ich auf der Erde, egal ob mit oder ohne Kind, Beziehungen schaffe, die so sind, dass man nach meinem Tod gerne an mich denkt. Oder dass ich anderen etwas mitgeben kann, bei meiner therapeutischen Arbeit im Kinderschutzzentrum oder im privaten Gespräch. Ich habe eine Aufgabe auf Erden: dass sich die Welt nur ein ganz kleines bisschen verändert dadurch, dass ich hier bin. Und dafür tue ich etwas. Ich mache keine großen Dinge. Aber wenn ich ein paar Mädchen helfen kann, die bei mir in Therapie sind, ist das gut. Oder meine Neffen und Nichten, die lieben mich, das weiß ich einfach und das reicht.

Aber genauso wichtig ist es, mir selbst etwas Gutes zu tun und das Leben zu genießen. Sowohl für mich zu sorgen als auch etwas von mir zu geben – das ist eine stimmige Balance. Ich habe inzwischen alle meine Sehnsüchte in Angriff genommen. Ich habe angefangen, Sport zu treiben und zu singen. Ich mache das jetzt, weil ich das will, und es gibt nichts, was mich daran hindert. Das ist natürlich eine riesige Freiheit. Die habe ich nur, weil ich kein Kind habe. Mit Familie hätte ich nicht die Zeit, die Freiheit vielleicht schon, aber niemals die Zeit.

Ich glaube, es ist einfach wichtig, diese Auseinandersetzung mit der ungewollten Kinderlosigkeit als Chance zu sehen, sich zu überlegen, wofür man sich engagieren und einsetzen will. Ich glaube, mich hat diese Erfahrung demütiger werden lassen. Ich kann jetzt sagen: ›Ja, ich muss mich mit dem abfinden, was ich habe. Das ist meine Aufgabe. Das Leben ist hoch und tief und ist traurig und lustig. Es geht mal ein bisschen runter, aber es geht auch immer wieder hoch.‹ Das ist ein tragendes Wissen. Wobei es immer wieder Situationen gibt, in denen ich weine oder es bedauere. Zum Beispiel, wenn meine Nichte zu Besuch kommt, die Kleine, und nach einer Woche wieder geht. Da habe ich einen Tag lang zu kämpfen. Aber ich empfinde auch diese Traurigkeit als einen wichtigen Teil von mir. «

Angst vor der Einsamkeit im Alter

Wer wird sich um mich kümmern, wenn ich alt bin? Diese Frage beschäftigt wohl jede kinderlose Frau früher oder später. Statistisch gesehen sterben 71,4 Prozent der Männer vor ihren Frauen. Kein Sohn und keine Tochter wird dann mit Rat und Tat zur Seite stehen, wenn Entscheidungen zu treffen sind, schwere Einkäufe gemacht werden müssen oder ein Krankenhausaufenthalt ansteht. Und kein Enkel wird kindliche Ausgelassenheit in den Seniorenalltag bringen. Noch düsterer gestaltet sich der Blick in die Zukunft, wenn man auch die Möglichkeit, zum Pflegefall zu werden, mit einbezieht – Szenarien, die die Angst vor dem dritten Lebensabschnitt schüren.

Aber wer garantiert Müttern, dass sie von ihren Nachkommen versorgt oder wenigstens regelmäßig besucht werden, wenn sie gebrechlich sind? In allen Altersheimen gibt es zahlreiche Frauen mit Kindern. Wie viele von ihnen mögen darauf gehofft haben, in ihrer Familie alt zu werden? Und wie enttäuschend muss es sein, wenn sich herausstellt, dass die nächsten Angehörigen keinerlei Anstalten machen, die Versorgung zu übernehmen oder die äußeren Umstände eine häusliche Pflege nicht zulassen? Weil sie beruflich stark eingebunden sind, weit entfernt wohnen oder aus welchen Gründen auch immer den Kontakt abgebrochen haben. Abgesehen davon gibt es durchaus auch Frauen, die einen Lebensabend im Altenheim einer Pflege im familiären Umfeld vorziehen.

» Was die Kinderlosigkeit im Alter betrifft, das ist ein Thema, das mich in den letzten Wochen, nach meinem Reitunfall, sehr beschäftigt hat. Gerade wenn man krank ist und sich schwach fühlt, kommt natürlich die Angst vor einem einsamen Alter. Doch auch Kinder sind keine Garantie, dass man nicht alleine ist. Sie können ins Ausland gehen, können sich von ihren Eltern lossagen, ja sie können sogar vor ihren Eltern sterben. «

Hanna, 42 Jahre

Die Zeiten, in denen Eltern im Kreis der Großfamilie ihren Lebensabend verbrachten, gehören in unserer modernen Gesellschaft schon lange der Vergangenheit an. In Deutschland lebte im Jahr 2000 nur jeder zehnte 65-jährige oder ältere Mensch gemeinsam mit einem seiner Kinder oder in dessen Haushalt. In einem noch größeren Generationenverbund waren es nur zwei Prozent. Jedoch gaben bei der 1996 in Deutschland durchgeführten Alterserhebung knapp 85 Prozent der befragten Eltern an, mindestens einmal in der Woche Kontakt mit ihren Kindern zu haben. Und auch Hilfeleistungen werden zu großen Teilen immer noch im familiären Rahmen realisiert. Die stetige Zunahme von Ein-Kind-Familien wird dieses familiäre Hilfspotenzial jedoch langfristig einschränken.

Dennoch muss ein Leben ohne Kinder auch jenseits des siebten oder achten Lebensjahrzehnts nicht zwangsläufig in Einsamkeit münden. Kinderlose sind nicht einmal gefordert, sich früher als Eltern Gedanken über ihren Ruhestand zu machen, denn Kinder sind zwar eine Chance, aber niemals eine Garantie dafür, dass Eltern im Alter nicht alleine sind. Außerdem können auch enge Beziehungen zu Nichten und Neffen im Alter weiter bestehen. Grundsätzlich tut jede Frau gut daran, sich zu überlegen, wie sie ihren Ruhestand gestalten will. Denn Zufriedenheit ist auch im Alter nicht an eigene Kinder gebunden, sondern abhängig von sehr individuellen Faktoren. Ausschlaggebend sind die Lebensbiografie, die Verarbeitung bisheriger Erfahrungen und Ereignisse, die gesundheitliche und finanzielle Situation sowie das soziale Umfeld. Alter muss nicht ausschließlich Verfall der physischen und psychischen Kräfte bedeuten, sondern kann in mancherlei

Hinsicht eine Bereicherung sein, sofern man bereit ist, sich mit dieser Lebensphase auseinander zu setzen. Gefragt sind Kreativität, Ideen und Mut.

Worauf sich ungewollt kinderlose Frauen allerdings einstellen müssen, ist die Konfrontation mit einem weiteren Lebensabschnitt, der nicht gelebt werden kann. Wenn andere sich nach dem Ausstieg aus dem Berufsleben ihren Enkeln widmen und deren Entwicklung zum Hauptthema machen, kann die bereits vernarbt geglaubte Wunde schmerzen und sich das Gefühl des »Nicht-Dazugehörens« wieder einstellen. Aber der heftige Schmerz von einst wird nur noch ein Bedauern sein, wenn es gelungen ist, sich mit der Kinderlosigkeit auszusöhnen und andere Lebensinhalte zu schaffen.

Von Wahlfamilie bis Mehrgenerationenhaus

» Was mir oft im Kopf herumschwirrt sind Modelle, bei denen verschiedene Generationen in Wohneinheiten zusammenleben, oder auch eine Art ›Oldie-WG‹. Das ist hier bei uns im ›Schwabenländle‹ noch sehr unüblich, aber ein bisschen Zeit haben wir ja noch, und da wird sich sicher noch einiges an den Gesellschaftsstrukturen ändern. «

Hanna, 42 Jahre

Verwandtschaftliche Bindungen sind in vielen Familien nicht mehr so eng wie noch vor einigen Jahrzehnten, als der Zusammenhalt für die Existenz der einzelnen Familienmitglieder essenziell wichtig war. Mit dieser Entwicklung geht die Freiheit einher, sich gezielt Menschen zu suchen, mit denen man das Leben teilen will. In diesen »Wahlfamilien« können Beziehungen wachsen, die bis ins hohe Alter bestehen und genauso tief und verbindlich sind wie familiäre. Für immer mehr ältere Menschen wird ein gemeinsamer Lebensabend unter Freunden eine Alternative zu den klassischen institutionellen Alterswohnmodellen. In Deutschland existieren bereits 300 »Alten-Wohngemeinschaften«. Eine der ersten befindet sich in Göttingen. Dort wohnen seit über sechs Jahren elf Frauen im Alter zwischen 70 und 87 Jahren in einer Jugendstilvilla. Aufgebaut wurde dieses gemeinschaftliche Wohnprojekt mit der Unterstützung eines Vereins.

Lebendigkeit, Anschluss und Teilhabe am Leben garantieren auch Generationenhäuser. Jung und Alt, Familien, allein Stehende – alle unter einem Dach. Die Devise: Hilfe zur Selbsthilfe – die Jungen profitieren von den Alten, die Alten von den Jungen. Man läuft sich über den Weg, trifft sich im Café, im gemeinsamen Garten oder bei hauseigenen Veranstaltungen. So können Freundschaften und private Unterstützungsnetzwerke entstehen: Die Wahloma betreut den Sprössling bei den Schularbeiten, die Nachbarin übernimmt den Einkauf.

Wer's ruhiger mag, findet in den Wohnanlagen des »Betreuten Wohnens« einen attraktiven Alterswohnsitz: Die Appartements sind seniorengerecht gebaut, Geschäfte, Arzt und Apotheke in Reichweite gelegen. Hausreinigung, Winterdienst und Abfallentsorgung gehören zum Grundservice. Je nach Bedarf können unterschiedliche Dienstleistungen bei der alltäglich anfallenden Hausarbeit oder im medizinisch-pflegerischen Bereich in Anspruch genommen werden.

Pluspunkt für die Alten von morgen

Das Alter beginnt zu einem immer späteren Zeitpunkt, und die Veränderung der Bevölkerungsstruktur in den kommenden Jahrzehnten wird die Einstellung zu alten Menschen und deren Leben beeinflussen. Im Jahr 2050 werden die 58- bis 63-Jährigen zu den am stärksten besetzten Jahrgängen gehören. Gleichzeitig steigt das Durchschnittslebensalter und verbessert sich der allgemeine Gesundheitszustand. Die heute 70-Jährigen sind körperlich und geistig so fit wie die 65-Jährigen vor 30 Jahren. Und der dritte Altenbericht der Bundesregierung von 2001 verzeichnet, dass die Lebenszufriedenheit der Seniorinnen und Senioren hoch ist und Einsamkeitsgefühle selten sind. Diese Entwicklung wird sich auf die gesamte gesellschaftliche Infrastruktur auswirken.

Schon jetzt ist in den Massenmedien sichtbar, dass die Wirtschaft die Generation der Senioren als eine bedeutende Zielgruppe der Zukunft erkannt hat. Sie werden aus ihrem Randgruppendasein entlassen und umworben – in Zukunft werden eine Unmenge von altersgerechten Produkten und neuen Alterswohnmodellen auf den Markt kommen.

Ohne Kinder alt werden

»Alleine bin ich nicht.«

Ursula, 81 Jahre

» Ich mag Kinder und freue mich immer, wenn ich in einen Kinderwagen schaue oder Grundschüler beobachte, wie sie miteinander spielen. Ich glaube aber nicht, dass ich mit Kindern ein glücklicheres oder erfüllteres Leben gehabt hätte. Natürlich, Traurigkeit ist schon da, aber immer nur für einen Augenblick. Früher war das anders. Als ich noch im gebärfähigen Alter war, habe ich ein eigenes Kind sehr vermisst. Ich kann mich noch gut an eine Situation erinnern: Ich war nach der Arbeit auf dem Nachhauseweg und habe mir vorgestellt, ein Kind an der Hand zu haben, mit ihm spazieren zu gehen und Geschichten zu erzählen.

Schon im Alter von zehn Jahren habe ich mir Kinder gewünscht. Zehn. Jedes halbe Jahr eines. Damit sie miteinander spielen können. Natürlich wurden Mädchen im Nationalsozialismus dahingehend auch erzogen – zur deutschen Mutter. Aber als ich erwachsen war, gab es wenig Männer. Die waren alle im Krieg. Erst im Alter von 28 Jahren habe ich meinen Mann kennen gelernt. Wir waren sehr verliebt und neun Monate später habe ich ihn geheiratet, obwohl er keine Kinder wollte. Eine gute Berufsausbildung war ihm wichtiger. Wir trafen dann die Absprache, dass er auf die Ingenieursschule geht und wir erst dann eine Familie gründen, wenn er ein festes Einkommen hat. Aber damals ahnte ich schon, dass er nur mir zuliebe zugestimmt hatte.

Als mein Mann endlich bereit war für ein Kind, war ich schon 39 Jahre alt. Ich glaube, er wollte damit unsere Ehe retten, die nicht immer glücklich war. Doch dann ist mein Bruder, der mir sehr viel bedeutet hat, an Krebs erkrankt und hatte nur noch eine begrenzte Lebenserwartung. Da habe ich mit dem lieben Gott einen Pakt geschlossen: Ich opfere das Kind, wenn mein Bruder wieder gesund wird. Ich weiß, das ist eine merkwürdige Art von Frömmigkeit, aber ich habe damals so gedacht. Er ist trotzdem unter unerträglichen Schmerzen gestorben, und ich habe sein Leiden hautnah miterlebt. Er war sehr verzweifelt, weil er wusste, dass er drei kleine Kinder hinterlassen würde und eine Frau, die sich mit dieser Situation überfordert fühlt. Diese Tragödie war für mich sehr einschneidend und hat alles andere relativiert. Danach habe ich nicht mehr an eigene Kinder gedacht, sondern mich zunehmend um meine Nichten gekümmert. Sie waren oft in den Ferien bei mir. Eine hat sogar vier Monate bei mir gewohnt, als sie schon älter war. Ich habe sie alle drei immer unterstützt, wenn es nötig war. Noch heute habe ich einen guten Kontakt zu ihnen. Meine Lieblingsnichte kommt ein- bis zweimal im Jahr zu Besuch und regelt auch das ein oder andere für mich. Eigentlich wie eine Tochter. So sehe ich das.

Tröstlich war sicher auch, dass ich in meinem Beruf aufgegangen bin. Ich habe während des Krieges fünf Semester Physik studiert und danach im Forschungslabor eines großen Konzerns gearbeitet. Diese Arbeit war sehr interessant und hat mir immer Spaß gemacht. Außerdem bin ich mit meinem Mann viel gereist. Rund ums Mittelmeer bis in den Nahen Osten. Einmal waren wir sogar achteinhalb Wochen unterwegs. Nach unserer Scheidung, ich war damals 47, ging ich allein auf Reisen: nach Afrika zur Fotosafari und zum Schnorcheln auf die Seychellen. Bis vor zwei Jahren war ich noch jeden Winter Ski laufen.

Keine Frage, ich hätte damals auf alles verzichtet, wenn ich ein Kind gehabt hätte. Da mochte ich Kinder gar nicht anschauen, weil es nicht meine waren. Aber ich habe auch immer nur das Positive gesehen. Im Verlauf meines Lebens habe ich bei vielen Freunden und Verwandten auch die Schattenseiten miterlebt. Zum Beispiel Kinder, die den Kontakt zu ihren Eltern abgebrochen haben, Kinder, die behindert zur Welt gekommen sind, Kinder, die sich umgebracht haben. Wenn ich so etwas von meinen Freundinnen höre, bin ich traurig, mir wird aber auch bewusst, was mir vielleicht erspart geblieben ist. Ich will nicht alles schlecht machen. Ich habe auch eine Bekannte, die regelmäßig Besuch von ihren Töchtern bekommt. Kinder zu haben, hat sicher sehr schöne Seiten, aber man kann niemals sagen, dass Mütter glücklicher sind. Davon bin ich überzeugt.

Ich glaube auch, dass ein Teil des Wunsches, Kinder zu haben, Egoismus ist. Das habe ich bei mir selbst festgestellt. Ich wollte etwas für mich ganz allein haben. Oft hatte ich auch das Gefühl, mir fehle als Frau etwas. Aber auch das ist nicht die richtige Motivation für ein Kind. Diese ganzen Überlegungen und Einsichten haben mir schließlich darüber hinweggeholfen. Außerdem wäre es bestimmt ein schwieriges Familienverhältnis gewesen mit meinem Mann, der immer im Mittelpunkt stehen und die erste Geige spielen wollte. Das ist für Kinder ja auch schwierig.

Gesellschaftlich ausgegrenzt war ich durch meine Kinderlosigkeit zum Glück nie. In meiner Generation gibt es viele Frauen, die keine Kinder bekommen haben, weil viele Männer im Krieg gefallen sind oder in Gefangenschaft waren. So habe ich etliche Freundinnen ohne Kinder.

Alleine bin ich nicht. Ich habe mehrere Kontaktpersonen, die wesentlich jünger sind als ich. Nur in den langen Sommerferien, wenn alle in Urlaub sind, bin ich etwas einsam. Dann fällt auch der Literaturkreis aus, den ich sonst jede Woche besuche. Dort sprechen wir unter der Leitung eines Germanisten über Novellen und Erzählungen, die wir zu Hause lesen. Ab und zu treffe ich mich auch mit Freundinnen oder ehemaligen Kolleginnen in einem Restaurant zum Essen oder Kaffeetrinken. Oder wir laden uns gegenseitig ein. Früher ging ich noch ins Theater, Konzert oder Kino. Das kann ich heute nicht mehr. Schade ist auch, dass die Kontakte in meinem Alter immer weniger werden, weil viele sterben.

Ich denke, ich habe trotz allem ein zufriedenes Leben gehabt, bis auf den fürchterlichen Krieg. Aber der hat alle getroffen. Nun möchte ich so lange wie möglich noch in meiner Wohnung bleiben. Das hätte ich allerdings auch vorgehabt, wenn ich Mutter geworden wäre. Ich will niemandem zur Last fallen. Ich weiß, wie schwer es ist, einen alten Menschen zu versorgen. Ich habe sieben Jahre lang meine Mutter gepflegt. Aber hier in der Stadt hat man ja jede Menge Möglichkeiten: Es gibt zahlreiche Unterstützungsangebote für alte Menschen von der Diakonie, dem Roten Kreuz, der Arbeiterwohlfahrt und von privaten Pflegevereinen. Ins Heim will ich nicht. Als ich diese Entscheidung getroffen hatte, habe ich mir sofort eine Spülmaschine gekauft, weil der Abwasch für mich das Schlimmste ist. «

Einem fremden Kind ein Zuhause geben

»… Du kannst ihnen deine Liebe geben,
aber nicht deine Gedanken,
denn sie haben ihre eigenen Gedanken.
Du kannst ihrem Körper ein Heim geben,
aber nicht ihrer Seele,
denn ihre Seele wohnt im Haus von morgen,
das du nicht besuchen kannst,
nicht einmal in deinen Träumen.
Du kannst versuchen, ihnen gleich zu sein,
aber suche nicht,
sie dir gleich zu machen …«

Khalil Gibran

Wenn die Geburt eines leiblichen Kindes immer unwahrscheinlicher wird, denken viele Paare darüber nach, ein fremdes Kind bei sich aufzunehmen, um doch noch den Traum vom Familienleben zu verwirklichen. Was mit einer Adoption oder Vollzeitpflege jedoch nicht umgangen werden kann, ist der Trauerprozess um das Kind, das nicht leben wird. Sein Platz bleibt unbesetzt. Wurde dieser Verlust nicht verarbeitet, besteht die Gefahr, dass das Kind nicht um seiner selbst willen aufgenommen wird, sondern eine Ersatzfunktion erfüllen muss. Außerdem besteht die Gefahr, dass es tagtäglich die eigene Unfruchtbarkeit vor Augen führt. Erst wenn die persönlichen Lebensumstände akzeptiert werden können, was nicht heißt, dass kein Bedauern darüber bleiben darf, wird ein Paar frei für eine völlig neue Elternrolle – die der Adoptiv- oder Pflegeeltern.

» Der Wunsch, Leben zu schenken, eine Schwangerschaft zu erleben, mit allem, was dazu gehört, die ersten Bewegungen, die Fürsorge des Partners, später das Stillen eines Säuglings – all das hat sich in meinem Leben nicht realisiert. Ich bin zwar nicht mehr kinderlos, aber mein Bauch war nie gefüllt. Das sehe ich als Verlust. Verstehen kann das fast niemand. Nicht einmal mein Mann. Mit meinen beiden Adoptivkindern hat das nichts zu tun. Die sind mir genauso viel wert wie leibliche Kinder, und ich bin glücklich, dass ich mit ihnen leben kann. Es sind meine Kinder. Von Adoptivkindern spreche ich nur dann, wenn mich jemand fragt, warum sie eine dunkle Hautfarbe haben oder wie groß sie bei der Geburt waren. «

Ute, 45 Jahre

Bei einer Adoptions- oder auch Pflegschaftsvermittlung steht nicht das Wohl der Bewerber im Mittelpunkt, sondern immer das des Kindes. Nicht das Leid ungewollt kinderloser Paare soll durch eine Vermittlung gemindert werden, viel mehr bemühen sich die pädagogischen Fachkräfte, ein neues Zuhause für ein bedürftiges Kind zu finden, dem es – aus welchen Gründen auch immer – nicht möglich ist, in seiner Herkunftsfamilie aufzuwachsen. Nichtsdestotrotz kann von einer gelungenen Annahme nur dann gesprochen werden, wenn sowohl das Kind als auch die Adoptiv- oder Pflegeeltern von dieser Wahlfamilie profitieren.

Adoption – Annahme an Kindes statt

Ein Kind, ein Neugeborenes gar, das die Paarbeziehung vervollständigt, zur Familie macht – und doch: Es ist und bleibt ein fremdes Kind. Es trägt andere Erbanlagen in sich, führt nicht den genetischen Stammbaum fort. Keine Wesenszüge oder äußerlichen Merkmale erinnern an den Partner, die Partnerin. Es hat andere leibliche Eltern, fremde Gene, eigene Begabungen und Schwächen, ist geprägt vom positiven oder negativen Verlauf einer neunmonatigen Schwangerschaft oder von bereits gemachten Lebenserfahrungen. Kommt das Mädchen oder der Junge aus Afrika, Lateinamerika oder Asien, greift auch das kulturelle Erbe. Diese Realitäten anzuerkennen und ihnen risikofreudig zu begegnen, ist Voraussetzung für das Gelingen einer Adoption. Eine Garantie, dass das angenommene Kind erfolgreich die Anforderungen des Lebens meistert, kann es jedoch niemals geben.

Auch für das adoptierte Kind darf seine Herkunft kein Geheimnis bleiben. Vermittler und Psychologen plädieren dafür, auf entsprechende Fragen von Anfang an altersgemäß, aber ehrlich zu antworten, ohne dass sich das Kind weggestoßen fühlt. So kann es mit seiner Realität angstfrei aufwachsen und diese in sein Leben integrieren. Die Tragweite seiner Geschichte wird es erst kurz vor der Pubertät begreifen. Im Alter von 16 Jahren hat es per Gesetz ein Recht darauf zu erfahren, wer seine leiblichen Eltern sind.

Adoptionsformen

In Deutschland kamen im Jahr 2000 durchschnittlich 14 adoptionswillige Paare auf ein Kind, das zur Adoption vorgemerkt war. Eine zuverlässige Empfängnisverhütung, die teilweise Legalisierung von Schwangerschaftsabbrüchen sowie Unterstützungsprojekte für junge, allein stehende Mütter haben dazu geführt, dass die Zahl der unerwünschten Kinder drastisch zurückgegangen ist. Außerdem ist es längst keine Schande mehr, ein »uneheliches« Kind großzuziehen.

Doch wer verbirgt sich hinter den Müttern, die ihr Kind zur Adoption freigeben? Nur wenige weisen eine randständige Problematik, wie Drogensucht oder Prostitution, auf. In der Mehrzahl sind es Frauen, die sich zu jung oder zu alt für diese Aufgabe fühlen, finanziell schlecht gestellt sind, in einer schwierigen Paarbeziehung leben, kein positives Mutterbild haben oder ihre berufliche Perspektive erhalten wollen. Aber auch Migrantinnen mit unsicherem Aufenthaltsstatus, die in ihrem Herkunftsland als allein erziehende Mutter mit sozialer Ächtung rechnen müssen, entscheiden sich zu diesem Schritt.

In der so genannten *offenen Adoption* ist ein gegenseitiges Kennenlernen sogar vorgesehen. Namen und Adressen sind beiden Seiten bekannt, sodass die Adoptiveltern unabhängig vom Jugendamt mit dem abgebenden Paar oder der Mutter jederzeit in Verbindung treten können.

Bei der *halboffenen* Form werden keine persönlichen Daten weitergegeben. Ein Kontakt ist nur über das Jugendamt und in dessen Räumlichkeiten möglich. Auf Wunsch können Briefe und Bilder über die Vermittler ausgetauscht werden.

Zu keinerlei persönlichen Begegnung kommt es bei der *Inkognito-Adoption.* Beide Seiten bleiben anonym. Alles, was sie voneinander wissen, haben sie über die Fachkraft der Vermittlungsstelle erfahren. Bevorzugt werden die beiden ersten Adoptionsformen. Dahinter steht die Absicht, das so genannte »Trauma des abgegebenen Kindes« ein Stück weit zu verringern. Durch den offenen Umgang hat das Adoptivkind die Chance, die Beweggründe seiner leiblichen Eltern später besser verstehen zu können und zu der Einsicht zu gelangen, dass sie diese Entscheidung aus einer Not heraus und mit Sorgfalt getroffen haben, um ihm eine Kindheit in einer geborgenen Atmosphäre zu ermöglichen, die zu bieten sie nicht in der Lage waren. Aber nicht nur das adoptierte Kind profitiert von dieser Offenheit. Für die abgebenden Eltern kann es tröstlich sein, das Paar kennen zu lernen, dem sie ihr Baby an Kindes statt anvertrauen, und die annehmenden Eltern erfahren, dass sie gezielt ausgesucht wurden.

» Ich habe das im letzten Jahr einmal mitgemacht und das hatte einen äußerst symbolischen Charakter. Die leibliche Mutter hat ihr Kind den Adoptiveltern in die Arme gelegt. Diese Form der Übergabe war ihr sehr wichtig. Es wurden davon auch Bilder gemacht, und ich denke, dass diesem Kind später daran sichtbar und deutlich wird, nicht einfach abgegeben worden zu sein. Natürlich haben wir danach alle geweint. Aber ich denke, die Adoptiveltern haben es nicht als belastend erlebt, weil sie das Positive daran gesehen haben: dass sie ausgewählt wurden und man das Kind bewusst ihnen übergeben hat, ohne jedwede Anonymität. Also ich erhoffe mir durch diese Form eine Minderung des Traumas.« «

Sozialpädagogin, Jugendamt Stuttgart

Bewerbungsverfahren

Wer sich mit dem Gedanken trägt, ein Baby zu adoptieren, sollte sich frühzeitig informieren und mit einer anerkannten Adoptionsvermittlungsstelle Kontakt aufnehmen. Zwar liegt die Altersbegrenzung für ein Neugeborenes inzwischen bei 40 Jahren, aber der Vermittlungsprozess und die Wartezeit können sich über mehrere Jahre hinziehen.

Zuständig für ein Adoptionsverfahren sind die Jugendämter sowie anerkannte Vermittlungsstellen der evangelischen und katholischen Kirche. Dort erhalten Interessierte einen mehrseitigen Bewerberbogen mit Fragen zur eigenen Lebensgeschichte und ihren Vorstellungen von Adoption. Die Antworten sind Grundlage für die nachfolgenden Gespräche, von denen mindestens eines in der häuslichen Umgebung stattfindet. Aufgabe der Vermittler ist es, sich ein Bild über die potenziellen Adoptiveltern zu verschaffen: Sind sie belastbar und flexibel, auch in schwierigen Situationen? Ist die eigene Unfruchtbarkeit weitgehend verarbeitet? Welche Kindheitserfahrungen bringen sie mit? Ist die Beziehung stabil, und welche Erwartungen haben sie an ein Adoptivkind? Darüber hinaus muss geklärt werden, ob auch eine Adoption in einem Entwicklungsland in Frage kommt oder die Bereitschaft besteht, ein behindertes oder krankes Kind aufzunehmen. Ist dieser Prozess abgeschlossen, wird eine auf zwei Jahre befristete Unbedenklichkeitsbescheinigung ausgestellt, die sowohl für eine Inlands- als auch für eine Auslandsadoption gültig ist. Danach beginnt das Warten – ein Jahr, zwei Jahre … Ein Rechtsanspruch auf Vermittlung eines Kindes besteht nicht.

Die Wahl auf ein bestimmtes Bewerberpaar fällt dann, wenn es den individuellen Bedürfnissen des zur Adoption freigegebenen Kindes möglichst umfassend gerecht wird. Die Wünsche der leiblichen Eltern werden dabei berücksichtigt. Zunächst lebt das Kind ein bis zwei Jahre in »Adoptionspflege« bei der neuen Familie. Nach Ablauf dieser Zeit, die dazu dient, miteinander vertraut zu werden und die Grundlagen für ein Eltern-Kind-Verhältnis zu schaffen, kann die Annahme an Kindes statt vor dem Vormundschaftsgericht rechtskräftig abgeschlossen werden. Erst dann trägt das Adoptivkind den Familiennamen und ist juristisch einem leiblichen Kind gleichgestellt.

Auslandsadoption

Angesichts des Rückgangs an deutschen Kindern, die zur Adoption freigegeben werden, wenden sich viele Paare an einen Verein oder eine kirchliche Organisation, die Auslandsadoptionen in die Wege leiten. Diese haben mehr Kinder und weniger Bewerber auf ihren Listen. Dadurch verringert sich die Wartezeit. Außerdem werden die Altersvorschriften oft nicht so streng gehandhabt.

Das Prozedere ist allerdings dasselbe wie bei einer Inlandsadoption und wird in der Regel beim Jugendamt durchlaufen. Verfügen die freien Vermittlungsstellen über ausreichend Personalkapazität, übernehmen sie die Gespräche. Ohne abschließende Stellungnahme des Jugendamtes wird jedoch kein Bewerberpaar anerkannt. Hinzu kommen die Vorschriften des jeweiligen Landes und erhebliche Kosten. Die adoptionswilligen Paare müssen mit 10 000 bis 15 000 Euro rechnen. Diese Summe setzt sich zusammen aus Vermittlungsgebühren, Flug- und Aufenthaltskosten durch die Reise in das Herkunftsland des Kindes. Außerdem müssen Anwälte, Gerichte, Übersetzungen und Beglaubigungen bezahlt werden. Manche Länder lassen sich sogar die Heimkosten erstatten.

Auch wenn manche Organisationen eine unbürokratische und schnelle Abwicklung versprechen, ist es ratsam, eine Auslandsadoption über eine anerkannte Vermittlungsstelle abzuwickeln. Denn nur dann kann Kinderhandel ausgeschlossen werden, und die Adoptiveltern können sicher sein, dass das Kind von seinen Eltern aus freien Stücken zur Adoption freigegeben wurde.

Vollzeitpflege

Wer in erster Linie den Wunsch hat, seinen Lebensalltag mit Kindern zu gestalten, gepaart mit dem Anliegen, einem Mädchen oder Jungen, dessen leibliche Eltern seinen Bedürfnissen vorübergehend oder dauerhaft nicht gerecht werden, ein liebevolles Zuhause zu bieten, kann auch in der verantwortungsvollen Rolle von Pflegeeltern Erfüllung finden.

Vollzeitpflegestellen werden von den Jugendämtern dringender gesucht als Adoptiveltern. Es handelt sich dabei um eine öffentliche »Hilfe zur Erziehung«. Dieser Begriff lässt unschwer erkennen, dass ein problematischer Hintergrund der Auslöser für die Fremdunterbringung ist. Dabei kann es sich zum Beispiel um Suchtabhängigkeit, psychische Erkrankung oder Wohnsitzlosigkeit der Eltern handeln. Trotzdem wird angestrebt, dass die Mütter oder Väter während der gesamten Pflegezeit das Sorgerecht behalten und regelmäßig Kontakt zu ihrem Kind haben.

Die Rahmenbedingungen der Vollzeitpflege erfordern von den Pflegeeltern zum einen ein hohes Maß an Akzeptanz und Kooperationsbereitschaft gegenüber der Herkunftsfamilie ihres Schützlings. Zum anderen ist die Bereitschaft erforderlich, das Kind mit Liebe und Geduld, Zeit und pädagogischem Geschick in seiner Entwicklung zu fördern und es bei dem emotionalen Spagat zwischen Pflege- und Herkunftsfamilie zu unterstützen. Eine äußerst schwierige, selbstlose Aufgabe, so scheint es auf den ersten Blick, die jedoch von vielen Pflegeltern als Bereicherung erlebt wird, wie die folgenden Äußerungen zeigen:

- »Es ist ein gutes Gefühl, einen jungen Menschen auf einem Teil seines Lebensweges zu begleiten und mitzuerleben, wie er sich entwickelt ...
- Wir haben Liebe erfahren und gegeben und neue Erfahrungen in unserer Familie machen können ...
- Durch den Kontakt zu den Eltern des Pflegekindes haben wir eine andere Lebenswelt kennen gelernt und mehr Verständnis für die Stärken und Probleme anderer Menschen entwickeln können.«*

Was viele kinderlose Paare von einer Vollzeitpflege abhält, ist die Tatsache, dass das Kind in seine Herkunftsfamilie zurückkehren soll, sobald sich die Verhältnisse gebessert haben. Die Angst, wieder Abschied nehmen zu müssen, ist groß. Allerdings gelingt eine Rückführung lange nicht in allen Fällen. Rund ein Drittel aller Pflegekinder werden später adoptiert.

Vermittlungsverfahren

Der Ablauf ist annähernd vergleichbar mit dem eines Adoptionsverfahrens. Auch der Altersabstand zum Pflegekind sollte dem eines natürlichen Eltern-Kind-Verhältnisses entsprechen. Die Jugendämter legen jedoch gesteigerten Wert darauf, dass die interessierten Paare das erforderliche Engagement einer Vollzeitpflege einschätzen können. Die Teilnahme an einer mehrtägigen Informations- und Einführungsveranstaltung ist verpflichtend. Danach erhalten sie einen Fragebogen, der wie bei der Adoption als Grundlage dient, um ein genaues Anforderungsprofil zu erstellen. In ausführlichen Gesprächen erarbeiten die Sozialpädagogen mit den Bewerbern, was diese bereit sind, auf sich zu nehmen, aber auch, was sie ausschließen. Wird ein Kind vermittelt, erhalten die Pflegeeltern vom Jugendamt Pflegegeld und Unterhalt sowie kontinuierliche fachliche Unterstützung. Auch therapeutische Hilfe kann jederzeit beantragt und in Anspruch genommen werden.

* Landeswohlfahrtsverband Württemberg-Hohenzollern (Hrsg.): Was Pflegeeltern wissen sollten, 2000

Erfahrungen mit Vollzeitpflege

»Wir alle fühlen uns als Familie …«

Rita, 38 Jahre

» Auf ein Leben mit Kindern wollte ich nie verzichten, und das finde ich auch nach wie vor erstrebenswert. Auch wenn ich manchmal denke: ›Warum habe ich mir das angetan mit meinen beiden Pflegekindern?‹ Aber ich möchte sie nicht missen. Wir alle fühlen uns als Familie und unser Zusammenleben unterscheidet sich nicht von anderen. Mein Mann und ich haben die gleichen Freuden, Sorgen und Ärgernisse wie andere Eltern auch.

Eigentlich hätten wir gern ein Kind adoptiert, nachdem uns die Ärzte eröffnet hatten, dass wir sehr geringe Chancen haben, ein eigenes zu zeugen. Aber uns wurde auf dem Jugendamt keine Hoffnung gemacht, weil es sehr viele Bewerber gab. Außerdem waren wir relativ jung, und die Sozialarbeiterin sagte, es wäre medizinisch noch nicht alles ausgeschöpft und der Kinderwunsch nicht abgeschlossen. Diese Vorgehensweise haben wir damals als ziemlich verletzend empfunden. Danach wollte ich nie wieder etwas mit dem Jugendamt zu tun haben. Es kam mir so willkürlich vor, und ich habe mich ausgeliefert gefühlt. Im Nachhinein muss ich allerdings sagen, so negativ ist es nicht gelaufen. Wir können vielleicht sogar froh sein. Und ich würde wahrscheinlich nach dem heutigen Stand meines Wissens genauso argumentieren: nicht abgeschlossener Kinderwunsch. Aber zum damaligen Zeitpunkt war das für mich ein Schlag ins Gesicht. Zu der körperlichen Unfähigkeit kam auch noch die soziale Unfähigkeit.

Einige Zeit später wurden in der Zeitung Pflegeeltern gesucht, und mein Mann hat mir den Artikel vorgelesen, aber ich habe sofort abgeblockt. Er ließ sich dadurch jedoch nicht beirren und nahm an einer Informationsveranstaltung teil. Dort hat er uns in die Bewerberliste eingetragen, weil die beiden Sozialarbeiterinnen sehr einfühlsam auf die Interessenten eingegangen waren. Unter diesen Umständen war ich bereit, mich mit Vollzeitpflege auseinander zu setzen und an den Vorbereitungsseminaren teilzunehmen. Und die waren wirklich sehr gut. Wir haben die rechtliche Situation kennen gelernt und anhand von Fallbeispielen besprochen, wie sich das Gleichgewicht in einer Familie ändert, wenn jemand dazu kommt, und zwar nicht nur ein Pflegekind, sondern eine ganze Familie.

Danach stand für uns fest: Wir machen das. Allerdings mit ganz klaren Einschränkungen. Das Höchstalter haben wir auf zwei Jahre begrenzt, Behinderungen und Infektionskrankheiten wie AIDS und Hepatitis ausgeschlossen, aber auch Alkoholmissbrauch während der Schwangerschaft. Das wurde akzeptiert, und ich hatte kein schlechtes Gefühl dabei. Drei Jahre zuvor hätte ich fast keine Vorbehalte gehabt. Egal, Hauptsache Kind. Ja, und dann waren die Sozialarbeiterinnen zum Hausbesuch bei uns, und drei Wochen später war Julius da. Damals war er 15 Monate alt. Das ging wirklich sehr schnell.

Er wurde aus seiner Familie herausgenommen, wegen schwerer Vernachlässigung und Verwahrlosung. Das hat sich auch bemerkbar gemacht. Er hat viel geschrien und war sehr hungrig – nach allem. Das grundlose Schreien war seine Überlebensstrategie, und das hat er fortgesetzt, warum auch nicht. Damit habe ich nie gehadert. Er war ja so klein und so hilfsbedürftig. Relativ schnell habe ich mütterliche Gefühle für ihn entwickelt und ihn in mein Herz geschlossen.

In den Jahren, die er bei uns ist, konnten wir sehr viel auffangen. Er ist ein richtig toller Junge geworden. Nächste Woche wird er neun Jahre alt. Für Julius sind wir die Eltern, und er will auch bei uns bleiben. Seinen leiblichen Vater sieht er nur sporadisch. Derzeit bemühen wir uns darum, ihn zu adoptieren. Wenn er jetzt zu seinem Vater zurückgehen müsste, das würde nicht gut gehen. Das wäre ein Einschnitt, der massivste Auswirkungen auf sein gesamtes weiteres Leben haben würde. Das bestätigen auch Psychologen.

Mit dem Wunsch, ein zweites Kind aufzunehmen, haben wir

uns Zeit gelassen. Steffen kam vor einem Jahr zu uns, kurz vor seinem sechsten Geburtstag. Daran sieht man die Entwicklung, die wir gemacht haben. Vor acht Jahren war ich nicht bereit, ein fünfjähriges Kind aufzunehmen. Jetzt war das möglich.

So kam in meinem Leben vieles ganz anders, als ich es geplant hatte. Ich wollte unbedingt eigene Kinder haben und hatte alles daraufhin ausgerichtet. Nach der Realschule habe ich eine Ausbildung angefangen, mit der Absicht: schnell fertig werden, Geld verdienen und dann eine Familie gründen. So waren meine Vorstellungen. Im Nachhinein weiß ich, es war der falsche Weg, alles auf Familie auszurichten.

Schnell war klar, dass sich das so nicht einstellen wird, realisiert habe ich es erst viel später. Ich dachte, das wird schon. Und die Ärzte haben uns auch Mut gemacht, weil ich noch sehr jung war, 23 oder 24, im Grunde genommen im besten Alter der Fortpflanzungsfähigkeit. Erschwerend kam allerdings hinzu, dass bei uns beiden nicht alles optimal war.

Die Reproduktionsmedizin war dann für mich der Strohhalm, an den ich mich geklammert habe. Das habe ich auch betrieben bis zum Exzess, kann man fast sagen, immer wieder. Es war sehr anstrengend und deshalb habe ich meinen Job aufgeben. Ich würde das auch wieder tun, weil sich beides nicht vereinbaren lässt auf Dauer. Aber ich würde mir auch ein Limit setzen, von vornherein. Ich weiß heute, dass es wichtig ist, sich zu überlegen: Wie sieht mein Leben aus, wenn kein Kind kommt?

Ich war damals am Verzweifeln, nur noch am Weinen, völlig am Boden zerstört, über eine lange Zeit hinweg. Ich denke, das muss man zulassen, es wird besser und man lernt letztendlich damit umzugehen. Mir hat geholfen, darüber zu sprechen. Obwohl ich oft gedacht habe, ihr habt gut reden, wenn mir gesagt wurde: ›Es ist nicht das Ende; eigene Kinder sind nicht alles; das geht vorüber.‹ Das klingt so banal. Aber mittlerweile denke ich, es ist so.

Mein Mann konnte gelassener damit umgehen, männlicher. Ich glaube, da gibt es einen ganz großen Unterschied. Er wollte auch ein Kind und er hat sehr mit sich gekämpft, weil es an ihm scheiterte und es an seine Männlichkeit ging. Er hatte damit sicherlich sehr viele Probleme, die er aber weitgehend mit sich ausgemacht hat. Und er konnte viel schneller sagen: ›Gut, dann nicht.‹ Für ihn war das keine Existenzfrage. Für mich schon.

Was wir uns gegönnt haben während dieser ganzen Zeit, waren lange, schöne Urlaube. Das haben wir wirklich ausgenutzt und ausgekostet. Das war die Entschädigung, um die uns natürlich auch sehr viele beneidet haben, die schon Kinder hatten. Und wir waren neidisch auf die.

Nach fünf ICSI-Versuchen machten sich bei mir heftige Nebenwirkungen bemerkbar. Diese körperlichen Symptome haben mir massive Angst gemacht: Was tu' ich meinem Körper an? Was hat das alles letztendlich für Auswirkungen? Und da war für mich klar: Jetzt ist Schluss. Mein Mann hat das sofort respektiert, und mir schien, er war sogar erleichtert, nicht mehr diesen Druck zu haben. Auch von mir fiel eine Last ab, trotz der Wehmut, dass es bei mir nicht geklappt hat. Aber ich wollte nicht wieder zurück, ich wollte es nicht mehr auf mich nehmen. Damals hatten wir schon unseren Julius. Das hat die Situation natürlich ein Stück weit entspannt.

Was trotzdem immer bleiben wird, ist das Gefühl der nicht erlebten Schwangerschaft oder Geburt. Ich glaube, dem werde ich immer ein wenig nachtrauern. Wobei ich jetzt viel besser damit umgehen kann als noch vor zehn Jahren. Da war das für mich die Erfüllung und das, was eine Frau vom Mann unterscheidet. Jetzt steht das nicht mehr im Vordergrund, das ist jetzt Julius. Er wurde sehr schnell *unser* Kind, aber nicht der Ersatz für ein nicht gehabtes eigenes, sondern einfach ein ganz individuelles Kind.

Bei Steffen ist das natürlich anders. Er war ja schon älter als er zu uns kam, und er lebt jetzt ein Jahr hier. Das ist eher noch ein Erziehungsauftrag, ein Kind, das Hilfe braucht und deshalb in unsere Familie kam. Und das mit einer ganz guten Grundlage, weil die Mutter uns ausgewählt hat und wir einen guten Kontakt zu ihr haben. Julius und Steffen sind zueinander wie Brüder und bezeichnen sich auch als solche.

Was ich natürlich nicht habe, ist ein Kind, das mir ähnlich sieht oder bei dem ich Vergleiche ziehen könnte. Aber ich kann diesen beiden Kindern soziale Werte weitergeben, die uns wichtig sind. Das, was man vorlebt, kommt auch bei Pflege- und Adoptivkindern zurück. Ich erkenne mich und meinen Mann oft in Julius wieder. Und wenn ich mich dennoch selbst bemitleide, tröste ich mich damit, dass eigene Kinder auch keine Garantie dafür sind, dass sie das fortführen, was einem selbst wichtig ist.

Sicher, manchmal denke ich schon: Warum kannst du nicht mein leibliches Kind sein? Dann wäre es einfacher. Man hätte diesen ganzen Aufwand einer Vollzeitpflege nicht: Kontakte mit dem Jugendamt, eventuell Therapien irgendwelcher Art und so weiter. Zum Beispiel die Besuchskontakte von Steffen: Wir fahren ihn hin, holen ihn wieder ab, und wir müssen das auffangen, was er in der Herkunftsfamilie erlebt hat. Er hat etliche Geschwister, Tanten, Onkels und Omas, und die haben ihren Platz, wie alle anderen auch.

Aber wir können immer unseren Sozialarbeiter anrufen, wenn wir Fragen haben, sich irgendetwas ändert, wenn Erziehungsprobleme oder andere Schwierigkeiten auftauchen. Wir waren auch sehr lange in einer Pflegeelterngruppe, ich glaube drei oder vier Jahre. Da konnten wir uns mit anderen Pflegeeltern austauschen, und zwei Fachkräfte haben uns Hilfestellung gegeben bei irgendwelchen Alltagsproblemen, die man mit Pflegekindern so hat.

Also ich finde Vollzeitpflege eine gute Möglichkeit, wenn man mit Kindern leben will. Ich möchte eigentlich nichts mehr ändern. Es ist einfach anders gekommen und es hat seinen Grund. Auch wenn ich diesen nicht benennen kann, aber ich denke, mein Körper hat mir signalisiert: Das ist nicht das, was für dich ansteht. Auch wenn ich das nicht hundertprozentig wahrhaben möchte. Ich glaube nicht, dass es ausschließlich am Spermiogramm oder an den Hormonen lag oder an was auch immer. Ich bin überzeugt, wenn mein Körper dazu bereit gewesen wäre, dann hätte es mit den künstlichen Befruchtungen geklappt. Nun habe ich eben zwei Pflegekinder. Und seit

Julius in der Schule ist, gehe ich aufs Abendgymnasium und hole das Abitur nach, und irgendwann werde ich vielleicht sogar noch studieren. Ich finde, ich habe das Beste aus meiner Situation gemacht. Ich habe das, was ich mir immer vorgestellt habe: Ich wollte eine Familie und erleben, wie Kinder aufwachsen.

Man muss sich nur immer vor Augen führen, dass es ein Pflegekind und kein Adoptivkind ist. Es kann einem wieder genommen werden oder, besser gesagt, es kann sein, dass es zu seiner Herkunftsfamilie zurückkehrt. Aber die Jugendämter sind mittlerweile sehr sensibel und versuchen, relativ sichere Kinder zu ungewollt Kinderlosen zu vermitteln. Natürlich, eine hundertprozentige Sicherheit hat man nie. Wir haben uns damals gesagt, wir müssten das dann genauso verarbeiten wie unsere Unfruchtbarkeit. Ich weiß, ich würde in ein Loch fallen und ich müsste selber wieder rauskommen, so wie vor Jahren schon einmal. Das wäre furchtbar, aber es ist auch furchtbar, wenn ein Kind verunglückt. Diese Haltung können viele nicht verstehen. Aber ich denke, ich würde das wieder schaffen. Und wir hätten dann diese kostbare Zeit mit ihm gehabt. «

Glossar

Fertilitätsmedizin: Fruchtbarkeitsmedizin

Reproduktionsmedizin: Fruchtbarkeitsmedizin

Insemination: Eine Maßnahme der künstlichen Befruchtung, die den Körper der Frau am wenigsten belastet. Mit einem dünnen Katheder wird der aufbereitete Samen des Mannes zum Zeitpunkt des Eisprungs direkt in die Gebärmutter übertragen. In der Regel wird die Eizellreifung durch Hormone unterstützt, der Eisprung künstlich ausgelöst. Diese Methode wird dann angewandt, wenn die Zeugungsfähigkeit des Mannes durch die Anzahl und Beweglichkeit seiner Spermien eingeschränkt ist. Die Erfolgsquote liegt zwischen sieben und 25 Prozent.

IVF (In-Vitro-Fertilisation): Hierbei handelt es sich um die so genannte Reagenzglasbefruchtung. Nach hormoneller Stimulierung werden Eizellen punktiert und in einer Glasschale mit etwa 100 000 Spermien zusammengebracht. Ist es zur Befruchtung gekommen, werden die Embryonen meistens nach 48 Stunden direkt in die Gebärmutter transferiert. Die IVF ist inzwischen die Standardtechnik der künstlichen Befruchtung und wird hauptsächlich dann praktiziert, wenn die Durchlässigkeit der Eileiter behindert oder die Fruchtbarkeit des Mannes eingeschränkt ist. Zu Nebenwirkungen kann es durch die mit der künstlichen Befruchtung einhergehende Hormontherapie kommen. Diese reichen von Schwindelanfällen, Hitzewallungen und Stimmungsschwankungen bis hin zu Übelkeit und Kopfschmerzen. Darüber hinaus besteht die Möglichkeit, dass sich Zysten bilden oder die Eierstöcke sich vergrößern. Statistisch führen 100 Behandlungen zu 15 Geburten.

ICSI (Intracytoplasmatische Spermieninjektion): Diese Methode wird wie die IVF außerhalb des Körpers durchgeführt. Mittels einer feinen Pipette wird eine einzelne Samenzelle aus dem Samenerguss gefischt und direkt in die Eizelle injiziert. Mit den befruchteten Eizellen wird wie bei der IVF weiterverfahren. ICSI kommt in der Regel bei stark eingeschränkter Zeugungsfähigkeit des Mannes zur Anwendung. Nebenwirkungen können wie bei der IVF durch die hohen Hormongaben auftreten. Die Geburtenrate liegt bei 17 Prozent pro Behandlung.

Spermiogramm: Beurteilung des Samenbefundes. Untersucht werden Menge, Form und Beweglichkeit.

Zyklus: Wiederkehrender Kreislauf von der Eireifung bis hin zu Eisprung und Menstruation.

Wo Paare Unterstützung finden

Abschiedsforen im Internet

www.wunschkinder.de
www.klein-putz.de

Ehe-, Familien- und Lebensberatung und Schwangerschafts(konflikt)beratung

Arbeiterwohlfahrt Bundesverband e. V.
Oppelner Straße 130
53119 Bonn
Telefon: 02 28 / 66 85-172/-173
Telefax: 02 28 / 66 85-209
E-Mail: frauen@awobu. awo.org
Internet: www. awo.org

Der Paritätische Wohlfahrtsverband
Gesamtverbund e. V.
Oranienburgerstraße 13-14
10178 Berlin
Telefon: 0 30 / 2 46 36-0
Telefax: 0 30 / 2 46 36-110
Internet: www.paritaet.org

Deutscher Caritasverband e. V.
Karlstraße 40
79104 Freiburg im Breisgau
Postfach 42 07 90 04
79004 Freiburg im Breisgau
Telefon: 07 61 / 200-0
Telefax: 07 61 / 200-743/-243
E-Mail: info.schwangerschaft@caritas.de
Internet: www.caritas.de

Deutsches Rotes Kreuz
Generalsekretariat
Carstennstraße 58
12205 Berlin
Telefon: 0 30 / 8 54 04-0
Telefax: 0 30 / 8 54 04-468
E-Mail: drk@drk.de
Internet: www.drk.de

Diakonisches Werk der Evangelischen Kirche
in Deutschland e.V.
Stafflenbergstraße 76
70184 Stuttgart
Telefon: 07 11 / 21 59-0
Telefax: 07 11 / 21 59-288
E-Mail: familienberatung@diakonie.de
Internet: www.diakonie.de

Evangelische Konferenz für Familien- und
Lebensberatung e.V.
Fachverband für psychologische Beratung und Supervision
Ziegelstraße 30
10117 Berlin
Telefon: 0 30 / 28 30 39-27/-28/-29
Telefax: 0 30 / 28 30 39-26
E-Mail: EKFUL@t-online.de
Internet: www.ekful.de

Bundesverband Pro Familia
Stresemannallee 3
60596 Frankfurt/Main
Telefon: 0 69 / 63 90 02
Telefax: 0 69 / 63 98 52
E-Mail: info@profamilia.de
Internet: www.profamilia.de

Die oben genannten Organisationen können Ihnen weiterhelfen, wenn Sie eine Beratungsstelle in Ihrer Nähe suchen. Oft sind die Adressen auch auf der jeweiligen Internetseite zu finden.

Selbsthilfegruppen

Nationale Kontakt- und Informationsstelle zur Anregung und Unterstützung von Selbsthilfegruppen (NAKOS)
Wilmersdorfer Straße 39
10627 Berlin
Telefon: 0 30 / 31 01 89 60
Telefax: 0 30 / 31 01 89 70
E-Mail: selbsthilfe@nakos.de
Internet: www.nakos.de

Hier bekommen Sie ein bundesweites Verzeichnis aller Kontaktstellen für Selbsthilfegruppen. Außerdem erstellt NAKOS Info-Blätter und Leitfäden, die beim Aufbau einer Selbsthilfegruppe hilfreich sind.

Wunschkind e. V.
Verein der Selbsthilfegruppen für Fragen ungewollter Kinderlosigkeit
Fehrbelliner Straße 92
10119 Berlin
Telefon: 01 80 / 5 00 21 66
(Hotline: dienstags von 19:00-21:00 Uhr)
Telefax: 01 80 / 5 00 21 66
E-Mail: wunschkind@directbox.com
Internet: www.wunschkind.de

Bei diesem Verein können Sie erfragen, ob es in Ihrem Wohnort eine Selbsthilfegruppe zum Thema »Abschied vom Kinderwunsch« gibt. Außerdem erhalten Sie nützliche Tipps und Informationsmaterial, wenn Sie selbst eine Gruppe gründen wollen.

Therapie und Beratung

Vereinigung der Kassenpsychotherapeuten
Postfach 14 02 10
67021 Ludwigshafen
Telefon: 06 21 / 63 70 15
Telefax: 06 21 / 63 70 16
E-Mail: info@vereinigung.de
Internet: www.vereinigung.de

Per Post oder über die Internetseite erhalten Sie bundesweite Adressen von Psychotherapeutinnen und Psychotherapeuten mit Kassenzulassung.

Psychotherapie-Informations-Dienst (PID)
Oberer Lindweg 2
53129 Bonn
Telefon: 02 28 / 74 66 99
Telefax: 02 28 / 64 10 23
E-Mail: wd-pid@t-online.de
Interet: www.psychotherapiesuche.de

Der PID vermittelt Diplompsychologinnen und Diplompsychologen per Telefon oder über ihre Online-Datenbank. Darüber hinaus können Sie eine telefonische Beratung in Anspruch nehmen.

Beratungsnetzwerk Kinderwunsch Deutschland e. V. (BKiD)
Abteilung für Medizinische Psychologie
Universitätsklinikum Heidelberg
Bergheimer Straße 20
69115 Heidelberg
Telefon: 0 62 21 / 56 81 37
Telefax: 0 62 21 / 56 53 03
E-Mail: tewes.wischmann@med.uni-heidelberg.de
Internet: www.bkid.de

Hier erhalten Sie Adressen von Beraterinnen und Beratern, die sich auf das Thema »unerfüllter Kinderwunsch« spezialisiert haben.

Adoption und Vollzeitpflege

PFAD
Bundesverband der Pflege- und Adoptivfamilien e. V.
Am Stockborn 5-7
60486 Frankfurt am Main
Telefon: 0 69 / 97 98 67-0
E-Mail: pfad-bv@t-online.de
Internet: www.pfad-bv.de

Das Ziel von PFAD ist es, die Rahmenbedingungen von Pflege- und Adoptivfamilien zu verbessern. Sie geben Auskunft zu allen Fragen rund um Adoption und Vollzeitpflege. Telefonisch erhalten Sie eine Erstberatung und werden dann an die Landesverbände weitervermittelt.

Bundesverband für Eltern ausländischer Adoptivkinder e. V.
Angelgärten 11
79206 Breisach/Rhein
Telefon: 01 73 / 31 91 092
Telefax: 0 76 64 / 40 92 99
E-Mail: BVEaA@t-online.de
Internet: www.BVEaA.de

Der Verein verfügt über eine Liste aller in Deutschland anerkannten Auslandsvermittlungsstellen. Diese kann angefordert werden. Außerdem geben die Mitarbeiterinnen und Mitarbeiter hilfreiche Tipps, die die ersten Schritte einer Adoption im Ausland erleichtern. Auf der Internetseite finden Sie unter anderem eine Literaturliste zum Thema Adoption sowie aktuelle Infos.

Vermittlung von Patenkindern

Deutsches Zentralinstitut für soziale Fragen (DZI)
Bernadottestraße 94
14195 Berlin
E-Mail: sozialinfo@dzi.de
Internet: www.dzi.de

Diese Organisation verschickt gegen eine Gebühr von 1,53 Euro in Briefmarken eine Liste von Organisationen, denen das DZI-Spenden-Siegel zuerkannt wurde, das dafür steht, dass Ihre Spenden in seriöse Kanäle fließen. Bitte nur schriftliche Anfragen.

Österreich

(Vorwahl von Deutschland: 0043, dabei die 0 der Ortskennzahl weglassen)

Ehe-, Familien- und Lebensberatung

Bundesministerium für soziale Sicherheit, Generationen und Konsumentenschutz
Franz-Josef-Kai 51
Sektion V
A-1010 Wien
Telefon: 0800 / 24 02 62
Internet: www.bmsg.gv.at

Über das Servicetelefon erhalten Sie Auskunft über Beratungsstellen an Ihrem Wohnort oder in Ihrer Umgebung.

Volkshilfe Österreich
Bundesgeschäftsstelle
Auerspergstraße 4
A-1010 Wien
Telefon: 01 / 4 02 62 09
Telefax: 01 / 4 08 58 01
E-Mail: office@volkshilfe. at
Internet: www.volkshilfe. at

Hier werden Sie an die zuständigen Landesorganisationen weitervermittelt, die über ein breites Angebot an sozialen Dienstleistungen verfügen. Auf der Internetseite können Sie sich ebenfalls einen Überblick verschaffen.

Selbsthilfegruppen

SIGIS
Service und Information für Gesundheitsinitiativen und Selbsthilfegruppen im Gesundheits- und Sozialbereich
Mariahilfer Straße 176/8
A-1150 Wien
Telefon: 01 / 8 95 04 00-11
Telefax: 01 / 8 95 04 00-20
E-Mail: sigis@fgoe.org
Internet: www.fgoe.org

Hier können Sie sich telefonisch nach Selbsthilfe-Kontaktstellen in Ihrer Nähe erkundigen. Außerdem geben die Mitarbeiterinnen und Mitarbeiter Auskunft über Selbsthilfegruppen und Organisationen zu bestimmten Themen. Wenn Sie selbst eine Gruppe gründen wollen, erhalten Sie auf Anfrage kostenlos einen “Gründungsleitfaden”.

Therapie und Beratung

Österreichischer Bundesverband für Psychotherapie (ÖBVP)
Löwenstraße 3/5/6
A-1030 Wien
Telefon: 01 / 51 27 09-0
Telefax: 01 / 51 27 09-14
E-Mail: oebvp@psychotherapie.at
Internet: www.oebvp.at

Der ÖBVP ist eine Anlaufstelle für alle, die eine Therapie machen wollen. Die Mitarbeiterinnen und Mitarbeiter verfügen über eine umfangreiche Liste mit Therapeutinnen und Therapeuten in Österreich. Auf der Internetseite finden Sie Tipps, die bei der Suche nach dem richtigen Therapieplatz hilfreich sein können.

Adoption und Vollzeitpflege

Bundesverband österreichischer Pflege-, Adoptiv- und Tageselternvereine
Rudolf-Biebl-Straße 50
A-5020 Salzburg
Telefon: 06 62 / 4 49 11
Telefax: 06 62 / 4 49 11-61
E-Mail: bundesverband@bundesverband.at
Internet: www.pflegekinder.at

Hier erhalten Sie eine erste telefonische Auskunft zu Fragen rund um Adoption und Vollzeitpflege und werden dann an die Mitgliedsvereine vor Ort vermittelt.

Eltern für Kinder e. V.
Ottakringer Straße 217-221/2/R2
A-1160 Wien
Telefon: 01 / 3 68 71 91
Telefax: 01 / 3 68 71 91-15
E-Mail: office@efk.de
Internet: www.efk.at

Bei diesem Verein können Sie sich telefonisch oder in einem persönlichen Gespräch über Adoption und Vollzeitpflege informieren und an die jeweiligen Beratungsstellen an Ihrem Wohnort vermitteln lassen.

Schweiz

(Vorwahl von Deutschland: 0041, dabei die 0 der Ortswahl weglassen)

Ehe-, Familien- und Lebensberatung

PLANeS
Schweizerische Stiftung für sexuelle und reproduktive Gesundheit
9, Av. de Beaulieu
Postfach 313
CH-1000 Lausanne 9
Telefon: 021 / 6 61 22-33
Telefax: 021 / 6 61 22-34
E-Mail: info@plan-s.ch
Internet: www.plan-s.ch

Die Mitarbeiterinnen und Mitarbeiter sind behilflich, wenn Sie eine Beratungsstelle an Ihrem Wohnort suchen. Einen Adressenüberblick finden Sie auch auf der Internetseite.

Schweizer Evangelischer Kirchenbund (SEK)
Beauftragte für Diakonie und soziale Fragen
Martina Schmidt
Sulgenauweg 26
CH-3000 Bern 23
Telefon: 031 / 3 70 25-29
Telefax: 031 / 3 70 25-80
E-Mail: martina.schmidt@sek-seps.ch
Internet: www.sek-seps.ch

Die Beauftragte für Diakonie und soziale Fragen leitet Sie an die entsprechenden Beratungsstellen und Mitgliedskirchen weiter.

Sie erhalten auch bei den Sozialämtern und kirchlichen Einrichtungen Auskunft über Beratungsstellen.

Selbsthilfegruppen

Stiftung KOSCH
Koordination und Förderung von Selbsthilfegruppen
in der Schweiz
Geschäftsstelle
Laufenstrasse 12
CH-4053 Basel
Telefon: 061 / 3 33 86-01
Infoline: 0848 / 81 08 14
Telefax: 061 / 3 33 86-02
E-Mail: gs@kosch.ch
Internet: www.kosch.ch

Bei KOSCH erfahren Sie, ob und wo es eine Selbsthilfegruppe zu einem bestimmten Themenschwerpunkt gibt. Sie werden dann an die regionalen Kontaktstellen weitergeleitet. Außerdem geben die Mitarbeiterinnen und Mitarbeiter einen Überblick über weitere Selbsthilfe- und Fachorganisationen. Existiert zu einem bestimmten Thema keine Gruppe, versucht KOSCH Einzelkontakte herzustellen.

Therapie und Beratung

Schweizer Psychotherapeutenverband (SPV)
Weinbergstrasse 31
CH-8006 Zürich
Telefon: 01 / 2 66 64 00
Telefax: 01 / 2 62 29 96
E-Mail: spv@psychotherapie.ch
Internet: www.psychotherapie.ch

Dieser Verband vermittelt deutsch- und anderssprachige Therapeutinnen und Therapeuten in der gesamten Schweiz.

Adoption und Vollzeitpflege

Pflegekinder-Aktion Schweiz
Bederstrasse 105 A
CH-8002 Zürich
Telefon: 01 / 2 05 50-40
Telefax: 01 / 2 05 50-45
E-Mail: administration@pflegekinder.ch
Internet: www.pflegekinder.ch

Diese Organisation beantwortet Fragen bezüglich Pflegekinder. Außerdem werden Kurse für Pflegeeltern, Behörden und Fachpersonal angeboten. Darüber hinaus gibt es verschiedene Publikationen, Videos und DVDs zum Thema. Über das Internet können Sie Fachliteratur ausleihen.

Schweizerische Fachstelle für Adoption
Hofwiesenstrasse 3
CH-8042 Zürich
Telefon: 01 / 3 60 80-90
Telefax: 01 / 3 60 80-99
E-Mail: adoption@magiconline.ch
Internet: www.adoption.ch

Wenn Sie sich mit der Möglichkeit einer Adoption auseinander setzen, bekommen Sie hier erste Informationen und werden dann an die entsprechenden Stellen in den Kantonen vermittelt. Darüber hinaus können Sie gegen Entgelt Publikationen zum Thema Adoption bestellen.

Literaturhinweise

Gray, John: Männer sind anders. Frauen auch. Männer sind vom Mars. Frauen von der Venus. München: Goldmann, 1998
Hiß, Paul: So finden Sie den richtigen Therapeuten. Weinheim/Bergstraße: Beltz, 1998
Imber-Blac, Evan/Roberts, Janina: Rituale in Familien und Familientherapie. Heidelberg: Carl-Auer-Systeme, 2001
Kraiker, Christoph/Peter, Burkhard (Hrsg.): Psychotherapieführer. München: Beck, 1998
Krystal, Phyllis: Die inneren Fesseln sprengen. Befreiung von falschen Sicherheiten. München: Econ, 2000
Küchenhoff, J.: Der unerfüllte Kinderwunsch – worunter leiden die Männer? In: Therapeutische Rundschau, Band 56, 1999, Heft 5
Landeswohlfahrtsverband Württemberg-Hohenzollern (Hrsg.): Was Pflegeeltern wissen sollten, 2000
Löhr, Brigitte: Bundesrepublik Deutschland. Frauen in der BRD. In: Deutsches Institut für Fernstudien an der Universität Tübingen (Hrsg.): Frauen in der Geschichte, 1993
Rusch, Caroline: Der kleine Therapiekompass. So finden Sie die richtige Therapie. Stuttgart: Kreuz, 2003
Safer, Jeanne: Kinderlos glücklich. Wenn Frauen keine Mütter sind. München: Deutscher Taschenbuch Verlag, 1998
Schneider, Regine: Powerfrauen. Die neuen Vierzigjährigen. Frankfurt/Main: Fischer, 2000
Schneider, Regine/Stülpnagel, Bettina: Kinderwunsch – Die richtige Entscheidung finden. Freiburg: Herder, 1995
Selbsthilfegruppe für ungewollt Kinderlose, Rhein-Main (Hrsg.): Wenn kein Kind, dann ... (Informationsmappe), 2001
Strowitzki, Thomas: Wenn das Wunschkind ausbleibt. Ursachen, Diagnose und Behandlungsmöglichkeiten. Heidelberg: Hüthig, 1998
Thorn, Petra: Psychologischer Ratgeber bei unerfülltem Kinderwunsch. Möhrfelden: Eigenverlag, 2000
Wiemann, Irmela: Ratgeber Pflegekinder. Erfahrungen, Hilfen, Perspektiven. Reinbek bei Hamburg: Rowohlt, 1996
Wiemann, Irmela: Ratgeber Adoptivkinder. Erfahrungen, Hilfen, Perspektiven. Reinbek bei Hamburg: Rowohlt, 1997
Wiemann, Irmela/Jablonski, Volker: Pflege- und Adoptivkinder. Reinbek bei Hamburg: Rowohlt, 2000
Winkler, Ute: Der unerfüllte Kinderwunsch. Ein Ratgeber für kinderlose Paare. München: Beck, 1994
Wischmann, Tewes/Stammer, Heike: Der Traum vom eigenen Kind. Psychologische Hilfen bei unerfülltem Kinderwunsch. Stuttgart: Kohlhammer, 2001
Zeller-Steinbrich, Gisela: Wenn Paare ohne Kinder bleiben. Seelische Entwicklungen – neue Perspektiven. Freiburg: Herder, 1995

Danksagung

An erster Stelle danke ich den Frauen und Männern, die mir ihr Vertrauen geschenkt und mit mir über ihre sehr persönlichen Erfahrungen gesprochen haben. Diese Gespräche haben mich tief berührt und mein Leben bereichert. Dank auch denen, die mir die Erlaubnis gaben, ihren Beitrag aus einem Internet-Abschiedsforum zu veröffentlichen. Aber auch Expertinnen und Experten haben mit ihrem Fachwissen zum Werden dieses Buches beigetragen. Dafür herzlichen Dank.

Darüber hinaus waren Menschen aus meinem engeren und weiteren Freundes- und Familienkreis direkt oder indirekt am Entstehungsprozess beteiligt. Vorne weg mein ganz privater »Donner Lektor«, der mir von Anfang an den Rücken gestärkt und unermüdlich meine Texte mit Akribie zerpflückt, mich gelobt und getadelt hat. Gefolgt von Hannes und Karen, von deren Spitzfindigkeit und Fragen ich profitiert habe. Moralischen Beistand bekam ich von all jenen, die mitfieberten, nachfragten, zurücksteckten und organisierten; die mir einen ergonomisch korrekten Bürostuhl zur Verfügung stellten, für ein funktionierendes Mikrofon sorgten und beim Datencrash zur Stelle waren. Ihnen allen gilt mein ehrlicher Dank.

Nie vergessen werde ich die Anteilnahme meiner Schwester Susann, die mit mir das nächste Buch schreiben wollte. Unsere gemeinsame Zeit ist wie ein kostbares Geschenk, für das ich unendlich dankbar bin.

Bibliografische Information der Deutschen Bibliothek
Die Deutsche Bibliothek verzeichnet diese Publikation in der Deutschen Nationalbibliografie; detaillierte bibliografische Daten sind im Internet über http://dnb.ddb.de abrufbar

Kreuz Verlag GmbH & Co.KG Stuttgart
Verlagsgruppe Dornier
Postfach 80 06 69, 70506 Stuttgart

www.kreuzverlag.de
www.verlagsgruppe-dornier.de

Der Kreuz Verlag ist ein Unternehmen der Verlagsgruppe Dornier GmbH

Umschlaggestaltung: P.S. Petry & Schwamb, Agentur für Marketing und Verlagsdienstleistungen, Freiburg
Umschlagbild: © ZEFA/Zoe
Satz: de·te·pe, Aalen
Druck: Clausen & Bosse, Leck

ISBN 3-7831-2375-5